現代の課題に問われつつ
「蓮如上人御影道中」を歩く

合掌の道

川島弘之

法藏館

まえがき

二〇二三年（令和五）は、コロナ感染症第八波の感染拡大の中で幕を開けました。国内で最初の緊急事態宣言が発出されてから、ほぼ三年になります。

パンデミックは地球全体を覆いつくし、二月二十一日現在、世界の感染者数は七億五千七百万人を突破し、死者も七百万人に迫ろうとしています。（〝新型コロナウイルス感染症〈COVID-19〉WHO公式情報特設ページ〟https://extranet.who.int/kobe-centre/ja/covid〈参照2023-02-21〉）

世界中の大都市が何度もロックダウンに陥り、人びとのつながりは分断され、格差社会が浮き彫りになりました。この間、香港では国家安全維持法が施行され、ミャンマーでは国軍のクーデターが起こり、アフガニスタンではタリバン政権が復活しました。ウクライナでは昨年二月、ロシアによる一方的な軍事侵攻が始まり、戦闘は一年後の今も続いています。

内乱や国際紛争はもとより、パンデミック、地球温暖化、放射能汚染の問題も、すべては人類の悪業のもたらした結果と言えましょう。温暖化による異常気象からは、地球の断末魔のうめきが聞こえてくるかのようです。「五濁悪世」や「末法」という仏教用語は、まさにこのような現代の状況を言い当てているのかもしれません。

人類の歴史は、もともと自然の脅威や外敵から自分を守ろうとする闘争の歴史でした。生き延びるためには戦わねばなりません。おびただしい犠牲が払われてきました。しかしその宿業の歴史に沿って、目に見えないもう一つの歴史の流れがあったことを忘れてはならないでしょう。

弥陀成仏のこのかたは　いまに十劫をへたまえり　〔『浄土和讃』聖典四七九頁〕

それは、すべての人びとが救われない限り自分も救われまいと誓った阿弥陀仏の本願の歴史であり、人類の宿業の歴史に寄り添う悲しみの歴史でもありました。具体的には、念仏の信の伝統や報恩講、蓮如上人御影道中のような宗教行事として、脈々と受け継がれてきました。

しかしそれは今、現代の科学文明に覆われて見えにくいものになっています。オウム真理教事件や安倍元首相襲撃事件の引き金になった旧統一教会の問題も、宗教への疑惑をもたらしました。三百年間にわたる幕藩体制の宗教政策の影響も大きいのです。「阿弥陀仏」

も「本願」も「念仏」も「浄土」も「往生」も本来の意味を失い、いまや死語になりつつあるかのようです。

わたしは本書において、民衆の中に相続されてきた念仏の伝統に学びつつ、仏教の原点に立ち帰ってこれらの言葉の真の意味を確かめ、そこに光を当てて現代に蘇らせようと試みました。

二万人の死者を出した東日本大震災から十二年、肉親を失った人びとの悲しみはいまも消えることはありません。四苦八苦といわれますが、「愛別離苦」（肉親との別れ）ほど忍び難いものはないでしょう。先立った者と残された者とはどこで再び会うことができるのか、「お祖母様への手紙」や「宮森サヲさんのこと」は、その愛別離苦の問題をテーマにして、「浄土とは何か？」「往生とは何か？」を問うものです。

「浄土のありか」では、その問題をさらに著者自身の母親の死や津波で親を亡くした小学生の思いに即して考察し、「生死出ずべき道」を仏陀・親鸞・道元に学びます。

また「合掌の道」は、江戸時代中期より連綿として受け継がれてきた「蓮如上人御影道中」への参加記録です。筆者は現代の課題に問われつつ、京都～吉崎往復五二〇キロメートルを十五日間かけて仲間と共に歩きました。

最後の「ウイルスの挑戦」、「百名山」等の論稿は、パンデミックや戦争、環境破壊の根底にある人間の自己中心性、自国第一主義や愛国心の問題を問い直すものです。

これらの問題を一貫するものは、我・我所（自分・自分のもの）という自我意識であるとわたしは考えています。人間のあらゆる苦悩は自我意識から生じます。しかもその根底には、人類だけが持つ分別知があります。「自我意識」に関する論稿では、さまざまな事例に即してその構造的欠陥を明らかにしようと試みました。

一世紀前、ドイツの哲学者ハイデガーは、『存在と時間』を著して、死への存在としての人間の存在構造を明らかにし、その事実に目を背けておしゃべりや好奇心に頽落する「ひと」への警鐘を鳴らしました。

SNSをとおして、二十四時間どうでもよい情報が拡散しています。TVをつければ、お笑い、クイズ、料理、刑事ドラマといった番組が目白押しです。いま現代人の多くは「死んだら終わり」と思い、「せめて生きているうちに人生を楽しもう」としているのではないでしょうか。パンデミック終息の後には、グルメ・温泉・GO TO トラベルの大合唱が待っています。欲望という名の資本主義高速列車は、慢性的欲求不満に陥った八十億の人類を乗せて、悲鳴をあげながら欲望増幅回路を迷走しています。

ニヒリズムに基づく現世享楽主義。しかし、「歓楽極まりて哀情多し」〔漢の武帝「秋風辞」〕。遊んでも遊んでも虚しさを埋め尽くすことはできません。少欲知足。今こそ外に向いていた目を内に向け、仏の教えに耳を傾けるときではないでしょうか。本書がそのきっかけになれば、それに勝る喜びはありません。

最後に、本書出版に至る経緯をわたし自身の問題に即して記しておきたいと思います。わたしが人生に虚しさを覚えるようになったのは、高校二年生のころのことでした。来る日も来る日も同じように一日が始まり、同じように一日が過ぎて行きました。自分が自分の全体を賭けて生きかつ死ねるようなものが、どこにも見当たりませんでした。生きている実感を求めて、一所不住の放浪生活に身を投じました。

放浪の途上、たまたま金沢の崇信《そうしん》学舎で一人の念仏者に遇い、「その虚しい自己をあなたに気づかせてくるものは何か」と問われました。虚しさを気づかせてくるものがあるというのです。人生は虚しいものであり、生きることは虚しさをまぎらわすことだと考えていたわたしにとって、それは全く異質な世界からの問いかけでした。わたしにとっては、それが仏教との出遇いになりました。その問いに射止められ、その問いに問われつつ、それからの人生を生きてきました。

振り返ってみると、そこにはひとすじの「合掌の道」が続いておりました。喜びも悲しみも、成功も挫折も、出会いも別れも、一つひとつの出来事が「虚しい自己を気づかせてくるもの」に向かって掌を合わせることを、わたしに教えてくれました。

本書には蓮如上人御影道中の記録として、「合掌の道」が収載されていますが、むしろ生まれてから今日に至るまでの人生の全体が、「合掌に至る道」であったように思われてなりません。それで、本書のタイトルを『合掌の道』としました。

崇信学舎は、明治四十年、第四高等学校生らの学仏道場として発足し、以来今日までおよそ百二十年にわたり、暁烏敏、西村見暁、出雲路暢良、児玉暁洋、髙嶋千代子師ら多くの先達によって、その法灯が受け継がれてきました。

本書は、学舎の現在の代表宮森忠利氏の勧めにより二〇一三年から二〇二〇年にかけて七十五回にわたって機関誌『崇信』に発表してきた随想の一部です。

経典等の引用文や仏教用語には、できるだけ注釈をつけました。なお引用文中「聖典」とあるのは、『真宗聖典』〔東本願寺出版部〕を意味します。

出版をお勧めいただき準備を整えて下さった崇信学舎同人の宮森忠利氏、宮下晴輝氏、柴田敏秋氏に心から謝意を表します。

また、法藏館の満田みすず氏には、本書の構成から校正に至るまで懇切ていねいなお力添えをいただきました。厚く御礼申し上げます。

二〇二三年七月

合掌の道 * 目次

まえがき　1

お祖母様への手紙……

1　愛別離苦　18
少年の問い　19／あの世　20

2　いのちの悲しみ　23
与えられたいのち　23／啄木の歌　25／いのちの痛み　26

3　倶会一処　28
一処の地平　29／「美知子の遺言」　29／ナンナさんのお心　31

宮森サヲさんのこと……

1　サヲさんとの出遇い　34

2　美知子の遺言　39
虚しさをとおして　34／サヲさんの生い立ち　36
／ようこそようこそ　37
たましいは死なず　39／問いの転回　41／亡き子
を拝む　43

自我意識……………………………………………………

1　分裂する自己　46
ありのままの自分　46／B子の苦しみ　47／ロー
ジァズのカウンセリング理論　48
2　意味を問うということ　51
生きることの意味　51／C子の直感　52／第十願
に聞く　54
3　自我意識を破るもの　56
自分の思い　56／四苦は思苦　57／他のもの　58

／「思い」を破るもの　59
4　身の事実に聞く　61
行き詰まる「思い」　61／身の事実　62／身体と意識　64

浄土のありか……………………………

1　後生の一大事　68
すれちがう「思い」　68／「思い」を超えて　70
2　開かれる浄土　73
「少年の問い」再考　73／ついの住処　75／親さま　76
3　方便と真実　78
方便としての阿弥陀・浄土　78／一如真実としての阿弥陀・浄土　80
4　はたらく真実　84

方便にとらわれない　84／如来大悲としての浄土　86
5　いのちの大地　89
生死の教え　89／いのちの教え　91

百名山

1　なぜ山に登るのか　96
日本百名山　96／初めての山　97／苦行の山　98
／百の頂　99
2　山の向こう　101
百迷山　101／十阿弥陀　102／山は友達　103
3　ふるさとの山　106
山の思い出　106／いのちのペース　108／頂上への
一歩　頂上からの一歩　110

合掌の道……………………

1　蓮如上人御影道中「御下向」の記——京都から吉崎へ——　112
吉崎御坊の起源　112／蓮如道中の始まり　113／御下向第一日　114／堅田源兵衛　116／「弥陀をたのむ」ということ　117／天狗党終焉の地　118／木ノ芽峠　119／言うな地蔵　120／合掌の道　120／報謝の道　121／お与え　124

2　蓮如上人御影道中「御上洛」の記——吉崎から京都へ——　125
吉崎御坊　126／御上洛第一日　127／歩くサンガ　127／歩く道場　129／聞法の道場　129／内なる道場　131／円宮寺　132／反骨の精神　133／五村別院　135／反骨の系譜　136／住蓮坊古墳　138

3　近江から京都へ　140
三方よし　140／草津の銭湯　141／なぜ歩く　142／音　叉　144／山科別院　145／出遇いを求めて　146

ウイルスの挑戦……

危機に立つ人類　150／自己防衛　150／獅子身中の虫　152／ウイルスとの共存　153／問われる連帯　153／分断と差別　154／仏道は内道　156／貧しき村での托鉢（釈尊）　157／「三部経」千回読誦（親鸞）　158／報謝の念仏　160

参考文献　161
あとがき　165

合掌の道

現代の課題に問われつつ
「蓮如上人御影道中」を歩く

お祖母様への手紙

1 愛別離苦

寒さ身に沁む年の瀬となりました。

遅ればせながら、このたびのK子様のご逝去、心よりお悔み申し上げます。まだまだこれからの人生がおありでしたのに、本当に残念でございました。我が子に先立たれる悲しみは、何よりおつらいことと拝察いたします。どれだけ言葉を尽くしても、母親でなければわからないものがおありになることと思います。

四十九日の御法要の折、「どうしたら、先立った我が子にもう一度会えるんじゃろうかのう」とお祖母様が繰り返しおっしゃっていたというお話を伺い、本日、思う所あって一筆とらせていただきました。「倶会一処《くえいっしょ》」（先立った者と残された者が倶《とも》に一つの処《ところ》で出会う）ということがどこで成り立つのかは、実は私自身の問題でもあるのです。けっして道を説こうというのではありません。そのような力は私にはありません。ただ、お祖母様の問いに触発されて、この問題をもう一度、私なりに考え直してみたいと思ったのです。

少年の問い

そのお話を伺った時、すぐ思い浮かんだのは、あの東日本大震災で母親を亡くした一人の少年の問いでした。少年は取材に訪れた新聞記者に、「どうしたらもう一度お母さんに会えるの？」と尋ねたというのです。駆け出しのまだ若い新聞記者は、答えることができませんでした。その記事を読んで以来、私もその問いに問われつつ、ずっとこの問題を考えてまいりました。そしていま、私は少年にこう伝えたいと思っています。

「お母さんは、仏様のお心の中にいるんだよ」と。

遺体は、荼毘《だび》に付されて骨になります。われわれが、死んで無に帰すと思うのは、もっともなことなのかもしれません。しかしわれわれの心には、それだけでは済まされない、割り切れない思いが残ります。身は滅んでも、その人の思い出は、残された家族と共にあって、いつまでも何かを語りかけてきます。時には、夢にまで現れます。無に帰すのも事実ですが、何かを語りかけてくるのも事実です。その事実が同時に成り立つのは、おそらく科学的真理の世界と宗教的真実の世界が別次元のものだからなのでしょう。故人を偲びつつ、宗教的真実の世界に生きる。そこでしか、この問題は解決されないような気がします。

とはいえ、「お母さんは、仏様のお心の中にいるんだよ」と言われてみても、少年には何のことやら、さっぱりわからないでしょう。家に帰ってみれば、母親のいない台所で、寂しさは募るばかりでしょう。

間もなく震災から三年になります。「会いたい。ただそれだけ」という見出しの全面記事を、過日新聞で見ました。妻と娘さん二人を失った男性が、瓦礫の撤去された住宅跡に立ちすくんでいました。男性の思いは、三年間そこに立ち尽くしているのです。時間がそこで止まってしまったのです。朝まで元気でいた家族がその日の内に姿を消し、手の届かない世界に行ってしまう。死という不条理。その割り切れなさ、やりきれなさは、生涯消えることはありません。

あの世

死んで何処へゆくのか？　という問いは、人間である限り誰もが問わざるを得ない根源的な問いなのでしょう。娘さんを亡くしたお祖母様が「親と子はあの世でまた会えるんかのう?」と言われた「あの世」はあるのでしょうか、ないのでしょうか。お母さんを亡くした少年は、あるとも思えず、ないとも思えず、どうしたら会えるのだろうと問いかけているのです。

お釈迦様はこのことについて、あえて答えを出されなかったようです。それは、「無記」(解答されないこと)とか「捨置記」(答えを捨て置くこと)と言われます。なぜ答えられなかったのでしょうか。「あの世がある」というのは人間の思いであり、「あの世はない」と思うのも人間の思いであり、実は、この人間の思いこそが問題であるからなのではないでしょうか。

このような思いは犬や猫にはなく、人間だけが持つものです。その根底には我・我所(自分・自分のもの)という人間特有の自我意識があるような気がします。それでお釈迦様は、次のように言われたのだと思います。

ひとを生存に縛りつける原因となる愛執から生ずるものをいささかももたない修行者は、この世とかの世とをともに捨てる。

〔『ブッダのことば』(岩波文庫)、一一三頁。傍線は筆者〕

自我意識を持たない植物は、春に芽を出し、花咲き、秋には実を結んで、安んじて大地に帰ってゆきます。世界と一体になって生きているのです。ところが人間は、自我意識を持つばかりに、自分の身が死のうとしている時にも、その事実を受け容れることができず、思いばかりが、死後の行き場所を求めて七転八倒するのです。

犬や猫にはそのような自我意識はありません。したがって、死を恐れることはありません。生きることの意味を考えたり、貯金をしたり、名誉を重んじたりすることもありません。はだしで生きています。与えられたいのちを与えられたままに生きているのです。

人間のあらゆる苦悩は、この自我意識によって生まれると言ってもよいでしょう。しかしわれわれはその自我意識を、遂に自分の力で克服することはできません。なぜなら、それを克服しようとするのもまた自我意識だからです。

2

いのちの悲しみ

与えられたいのち

昨年、結婚して十三年、もう駄目だろうと諦めていたわたしの娘が、奇跡的に一子を授かりました。いのちは、本当に与えられるものなのですね。そして、与えられないこともあるのです。いのちの所与性ということを、改めて思いがけなく実感させられたことでした。言葉の成り立ちはよくわかりませんが、「生まれた」ということを、英語でI was bornと受動態で表現するのは、それなりの深い意味があることなのでしょうね。与えられたものであっても、与えられた瞬間にそれを我がものにしてしまうのが、自我意識なのでしょう。

いのちが我がものであってみれば、四歳の子の死は余りにも不憫であり、二十歳の青年の死は、惜しんでも惜しみきれないものがあります。しかし、所与のいのちであってみれば、四歳の子の命も、二十歳の青年の命も、百歳の老人の命と同じく、天から与えられた過不足なき天命であるとも言えるのではないでしょうか。それ故、エピクテトスは、次のように言うのです。

なにごとにも、「私はそれを失った」などとだんじていうな。いや、「お返し申した」といえ。子どもが死んだって？　取り返されたのだ。妻が死んだ？　取り返されたのだ。「地所を奪われました」。では、それも取り返されたのだ。

「しかし、奪った者は悪いやつです」

しかしだ、それを与えたもうた神が、なんぴとをとおして取り返そうと、きみになんのかかわりがあるか。神がきみにそれを与えているかぎり、きみはそれを他人のものとして世話するがいい。あたかも旅人たちがホテルをそうするように。

〔『世界の名著』13、エピクテトス『要録』十一（中央公論社）、三八八〜三八九頁〕

エピクテトスは、古代ローマのストア派の哲学者です。いかにもストイックで、冷たい言葉かもしれません。彼に妻子があったのかどうかは、わかりません。奴隷の身分でしたから、家族はなかったのかもしれません。家族がいたら、とてもこのような言い方はできなかったことでしょう。

一方、家族と共にいのちを見つめつつ生きた石川啄木には、こんな歌があります。

啄木の歌

いのちなき砂の悲しさよ
さらさらと
握れば指のあひだより落つ
〔日本詩人全集8『石川啄木』「一握の砂」（新潮社）、二五頁〕

明治四十三年に刊行された処女歌集、『一握の砂』の一首です。「我を愛する歌」というサブタイトルが物語るように、ここには、いのちを我がものとして所有し、握りしめようとする啄木の自我意識が、余すところなく表現されています。その年啄木は、長男の真一さんを、生後二十四日で失いました。歌集に収められた最後の八首には、

底知れぬ謎《なぞ》に対《むか》ひてあるごとし
死児《しじ》のひたひに
またも手をやる
〔同、九三頁〕

と、あきらめきれない思いが歌われています。

翌年、啄木は腹膜炎で入院します。妻は肺尖カタル、母も結核を患い、父親は家出、悲惨な生活の中で、明治四十五年三月母が逝去、啄木も同年四月十三日、二十七歳で帰らぬ

人となりました。妻節子が跡を追うようにこの世を去ったのは、その二年後のことです。家族崩壊。崩壊した啄木一族のお墓が、函館の立待岬にあります。私が訪れた夏の終わりには、まだハマナスの花が咲いていていました。

いのちの痛み

「いのちなき砂の悲しさよ」という上二句は、こぼれ落ちてゆく砂のようないのちを啄木が悲しんでいるように読むことができます。しかし私には、握っても握ってもこぼれ落ちてゆくいのち、握れば握るほどこぼれてゆくいのち、それでもなお握りしめてやまない啄木の自我意識が悲しまれているように思われてなりません。

かなしきは
飽《あ》くなき利己の一念を
持てあましたる男にありけり

〔同、二九頁〕

とも歌っています。ここでも啄木は、ひたすら自らの我執を悲しんでいるように見えます。しかし、もっと深く読んでみると、啄木の生きているいのち自身が、いのちを握りしめてやまない啄木の自我意識を悲しんでいるとも読むことができるのではないでしょうか。

自我意識に呪縛された者であるということ、一生涯自我意識を離れられない者であるということ、自我意識そのものであるということ、そのほかには在りようのない存在であるということ、それが悲しいかな、人間存在というものなのでしょう。言ってみれば、人間であることそのことが迷いなのです。その迷いのすがた、その愚かさを、いのち自身が悲しんでいるのです。

それは、大谷専修学院長であった信國淳先生の言葉をお借りすれば、「いのちの痛み」、「いのちの悲しみ」、言いかえれば「如来の大悲心」と言ってもよいのではないでしょうか。

3

倶会一処

私の一番上の姉が、若くしてこの世を去った時、「つらくてつらくて、毎日裏の畑に出ては泣いていた」と言っていた母の言葉を思い出します。親子といえども、それぞれの身を持つ以上、その悲しみを代わりに荷なうことはできないのですね。そして、先立たれた母の悲しみと同じように、姉には、親に先立つ子の悲しみがあったことと思います。

「この世とかの世とをともに捨てる」というお釈迦様の言葉は、「もう一度会いたい」「この世で駄目ならせめてあの世で」というわれわれの思い（自我意識）そのものを破ってくる言葉なのでしょう。

一処の地平

「往生浄土」と言っても、「浄土」が何処かにあって、そこへ往くというのではないのでしょう。「いのちの悲しみ」、「いのちの痛み」に出遇うことが、「浄土に往生する」ということなのではないでしょうか。「いのちの悲しみ」に出遇う時、東日本大震災で母親を亡くした少年は初めて仏様のお心の中に生かされている自分に気づくでしょう。気づいてみれば、津波にのまれたお母さんも、自分と同じように仏様のお心の中に生かされていることを知るはずです。そこに初めて「倶会一処《くえいっしょ》」の地平が開かれるのではないでしょうか。互いに向き合い求め合うのではなく、仏様のお心の中にいる自分を、それぞれに知るということです。その時、「会いたい。ただそれだけ」と絶句していた男性も、同じようにして、家族に再会することができるのではないでしょうか。

なぜならそのいのちは、少年をもそのお母さんをも生かしているいのち、家族全員を失った男性をも、亡くなった妻や娘さんたちをも生かしている、人間の思い（自我意識）を超えた「生死一如《しょうじいちにょ》」のいのちであるからです。

「美知子の遺言」

青年のころ、私は宮森サヲさんというお婆ちゃんにお会いしました。若くして御主人に先立たれ、遺された二人の娘さんを女手一つで育てておられましたが、上の方の娘さんがまた、十四歳で亡くなるのです。その五十回忌にサヲさんが書かれた「美知子の遺言」は、次のように書き始められています。

長女、美知子は大正十二年の秋のお祭りに生まれて、昭和十二年十二月に、妹一人と私をおいて先立って往きました。死んだ子の年を数えるようなと思いながら、いつまで経っても十四才で往った子を我が子と思い、……いつもいつも「美知子今おればいくつなのねー」と、思い浮かべるのは十四才の美知子なのです。

〔『お育てにあずかる』（慈光学舎）、三頁〕

美知子さんは手先が器用で、裁縫の先生になりたいと、職業女学校へ進学しますが、その年、病を得て、十四歳で帰らぬ人となります。

ところがある日のこと、「母ちゃん、母ちゃん、わたし死んでも泣くまっしゃるな。」「何でね」「わたし死んでも、体無いがになっても、たましいは死なんがや。そんで、何時までも何時までも、ナンナさんのお心の中に生かされていくのだから、いつも母ちゃんと一緒に居るんだから、泣くまっしゃるな」と。こんなことを私に言ってくれまして、さあ驚きました。それが一度だけでなく、それこそ日に日に衰えていく優しい声で、毎日一度必ず言ってくれたのです。それも六十日です。何時お寺さんへ連れて行ったこともありませんのに、こんな大事なお言葉がどこから、どうして出て参るのかと、ただただ驚きました。それこそいつまでたちましても、「ああ、ありがとう。美知子そうだったねー」と、この言葉に教えられています。

〔同、八〜九頁〕

ナンナさんのお心

私はこの文章を読むたびに、いつも、「体無いがになっても」という言葉の前で立ち止まってしまいます。十四歳の少女には、間もなく自分の体が無くなるということがわかっていたのでしょう。そして、自分が死んだら、サヲさんがどんなに悲しむかということもわかっていたのでしょう。助かりたいという気持ちは、どんなに強かったかしれません。しかし同時に、助からないということもわかっていました。そのことがはっきりした時、気の遠くなるような絶望感の中で、絶望である自我が仏智に照らされ、絶望の底が破れて、「ナンナさんのお心」が届いたのではないでしょうか。美知子さんは、そこで、「いのちの痛み」「いのちの悲しみ」に出遇ったのだと思います。

「ナンナさんのお心の中に生かされていく」。お寺に参ったこともないのに、いったいどこからこのような言葉が出てくるのかと、サヲさんは驚きます。そこにはおそらく、生きもすれば死にもする身、生死一如の身によって、美知子さんの助かりたいという思い（自我意識）が破られるという体験があったのではないでしょうか。その言葉は、その体験の事実、生死一如のいのちの真実から届けられた言葉なのでしょう。

長々と、独り善《よ》がりの領解を述べてしまいました。お祖母様の頭をかえって混乱させてしまったかもしれませんね。どうぞお許しください。

（『崇信』第五二一号〈二〇一四年五月〉収載）

宮森サヲさんのこと

1 サヲさんとの出遇い

虚しさをとおして

二〇一四年三月の末、越後湯沢でほくほく線に乗り換え、さらに日本海沿いを金沢に向かっていました。午後には、『崇信』の巻頭言同人会が予定されていました。親不知のトンネルを抜けると、横殴りの雨でした。雨滴がびしびしと車窓を叩き、その向こうに鉛色の冬の日本海が牙を剥いていました。陰鬱な風景の中で、私はいつの間にか自分の心の遍歴をたどっていました。そして、「ナンナさんのお心の中に生かされていく」という、娘さんを十四歳で亡くされた宮森サヲさんが書かれた「美知子の遺言」〔『お育てにあずかる』（慈光学舎）所載〕が、今、教えの言葉として私に語りかけてきているのを感じました。

虚しさを感じ始めたのは、高校二年生のころでした。生きている実感を求めて、放浪生活を繰り返しました。しかし、虚しさは深まるばかりでした。二十四歳の冬、崇信学舎の感話の会で「その虚しい自己を、あなたに気づかせてくるものは何か?」と、出雲路暢良先生（金沢大学教育学部教授）に問われました。それが、仏法との出遇いとなりました。「世間虚仮唯仏是真」（世間は仮のものであり仏の教えのみが真実である、という聖徳太子の御持言）、仏の教えの真実が虚しい生に気づかせてくるというのです。

しかし、その仏の教えを信じたり疑ったりする「自分」がどこまでも付いて回り、結局は自我意識の中で堂々巡りする破目に陥りました。長い間、素直に念仏申すことができないでいました。「南無阿弥陀仏」と口に出して言うことに、呪文を唱えるようなためらいがありました。呪文は結局自我への執着ではないのか? という疑問がありました。

そのジレンマを解決してくれたのは、信國淳先生（大谷専修学院長）の「いのちの教え」〔『呼応の教育』（樹心社）、一九〇～一九一頁〕でした。自我意識を突破して、いのち自身の中から「いのちは我がものなり」と名告《なの》り出てくるものが南無阿弥陀仏であり、それをそのまま口にすることが念仏申すことだと教えていただきました。

それでもなお心の深い所に、生きて在る虚しさ、死んでゆく孤独という問題が残りました。徹頭徹尾自我意識でしかあり得ない我が身に、虚しさは「いのちの痛み」であり、孤独感は「いのちの悲しみ」であり、そこにこそ「ナンナさんのお心」がはたらいているということを、「美知子の遺言」が教えてくれました。

サヲさんの生い立ち

同人会の翌日、宮森サヲさんのお宅を訪ね、次女の美和子さんから改めてサヲさんのお話を伺いました。美和子さんは、美知子さんの四歳下の妹で、今年八十六歳になります。サヲさんの居室だった部屋には、今も昔のままサヲさんの書棚が置かれ、鴨居には、御主人と十四歳の美知子さんの遺影が並んでいました。

サヲさんは、一九〇三年（明治三十六）十一月四日、河北郡八田村に生を受けました。八田はお念仏の盛んな土地で、当時の村人は毎日のようにお寺まいりをしていたといいます。お父さんも信心深い人でした。サヲさんは幼いころからそのような土徳《どとく》の地で、お念仏に親しみながら育ちました。

二十歳の時、加賀友禅の染物師宮森伍一氏と結婚、二児をもうけました。しかし伍一氏は、三十四歳の若さでこの世を去ります。サヲさん二十五歳、美知子さん五歳、美和子さんはまだ一歳の時でした。サヲさんは染物の洗い張りをしながら生計を立て、女手一つで二人の娘さんを育てることになります。その暮らしは容易なものではなく、九年間、夏の間は本家のお婆さんが手伝いに来てくれたといいます。ところがそのお婆さんがまた、何事にもただ、「ああ、ごもったいない、かたじけない」と念仏申す人であったというのです。与えられた現実を与えられたままに受け止め、「あの子がいたら」とはひと言も言われなかったそうです。サヲさんは、「仏法のはやる家に生まれ、仏法のはやる家に嫁ぎ、お友達に恵まれたことが何より嬉しい」と口癖のように話していたといいます。報謝の思いを胸に祠堂経《しどうきょう》（永代経）法要にお参りし、お座（真宗門徒の自宅における仏法聴聞の座）を催しては法話を聞き、地域の人びとと共に輪読会を開いて熱心に聞法されました。

ようこそようこそ

初めてサヲさんにお会いしたのは、私が金沢で暮らし始めて一年が過ぎるころのことでした。現在崇信学舎の代表である宮森忠利君に知己を得、彼の実家を訪ねたのです。サヲさんは、忠利君の祖母でした。そこでは、サヲさんを中心に清沢満之文集の輪読会が開かれていました。近所の主婦が七、八人集まっており、その中には浅田友井さんの姿もありました。浅田さんは交通事故で右腕を失くし、腕を失くすことによって本当のいのちに目覚めた方です。晩年は崇信学舎に住み込み、髙嶋千代子さんと共に学舎を支えられました。

サヲさんは、初対面の私を「ようこそようこそ」と目を細めて迎えて下さいました。輪読会が終わると、お風呂をいただき、夕飯を御馳走になり、その夜は二階の忠利君の部屋に泊めていただきました。

或る日、金沢大学で聴講していた宗教哲学の授業で、出雲路先生から「ペルゾナーレ」(真実に触れて人格の中心が鐘のように鳴り響くという意味)という言葉を聞きました。その時の感動を話すと、サヲさんが、いきなり私の両手をとり、「ほぉいね、ほぉいね、よござんした、よござんした」と自分のことのように喜んで下さいました。気がつくと、サヲさんの目に涙があふれ、頰を伝って流れていました。

人は皆エゴイストであり、ギリギリの所では自分のためにしか生きられない、と頑なに自己を閉ざして生きていた私の心は、そうして少しずつ開かれていったのです。

2
美知子の遺言

たましいは死なず

水曜日であったか木曜日であったかよく憶えていませんが、週一度宮森家を訪ねて輪読会に参加することが、わたしの日課のようになりました。清沢満之文集は難解で、唯物論者を自認していたわたしには、文集に出てくる「精神主義」という言葉に抵抗感もありました。しかしその日は輪読会の人びととの交流があり、何よりも豊かな食卓が待っていてくれました。その折にサヲさんから何回となくお聞きしたのが、「美知子の遺言」です。私はその言葉を今でも諳《そら》んじています。

「母ちゃん、母ちゃん、わたし死んでも泣くまっしゃるな。」

「何でね」

「わたし死んでも、体無いがになっても、たましいは死なんがや。そんで、何時までも何時までも、ナンナさんのお心の中に生かされていくのだから、いつも母ちゃんと一緒に居るんだから、泣くまっしゃるな」

〔『お育てにあずかる』八〜九頁〕

死なんとする十四歳の少女、美知子さんは、毎日一度、六十日間そう言い続けて、悲しむサヲさんを励ましたといいます。

「ああ、ありがとう。美知子そうだったねーと、この言葉に教えられています」と、サヲさんは記しています。

御主人の死後、女手一つで二人の幼子を育ててきたサヲさんの苦労を、美知子さんはよくわかっていました。自分が死んだらサヲさんがどれほど悲しい思いをするか、痛いほどわかっていたと思います。だから「絶対に死ねない」と思っていたのではないでしょうか。何としても生き延びなければならないと思っていたと思います。

しかし、いのちにおいて生死は一如です。死なない生はありません。にもかかわらず、そのいのちを、自我意識は生と死に分断し、生にしがみついて死を排除しようとします。つまり、いのちの道理に背くのです。

その道理に背いて何としても生き延びようとする美知子さんに、「いのちはあなたのものではない。いのちはわたしのものだ」と、いのち自身が名乗り出てきたのではないでしょうか。そしていよいよ助からないことがはっきりした時、美知子さんは、「こちらに来なさい」といういのちの呼びかけを聞いたのではないでしょうか。その時、「助かりたい」という自我の思いが砕かれ、仏智に照らし出された新しい主体としての「たましい」が呼び出されたのではないでしょうか。

問いの転回

精神科医のV・E・フランクルは、アウシュヴィッツ強制収容所で人間の極限状況を体験しました。多くの人びとが、次々とガス室に送られて死んでいきます。逃れるすべはありません。生きて故郷に帰ることも、家族に再会することもできません。生きる意味がなくなり、自ら高圧線に触れて命を絶ってゆく人もいました。フランクルは言っています。

この場合、人生から何をわれわれはまだ期待できるかが問題なのではなくて、むしろ人生が何をわれわれから期待しているかが問題なのである。……われわれが人生の意味を問うのではなくて、われわれ自身が問われた者として体験されるのである。

〔『夜と霧』（みすず書房）、一八四頁〕

生きることの意味が全く断ち切られた絶望の中で、今度は人生そのものが逆にわれわれに生きることの意味を問いかけてくるというのです。「問う者」から「問われる者」への問いの転回、この転換が起こるかどうかが問題です。それは自分が起こそうとして起こるものではないからです。フランクルがいみじくも言っているように、「体験される」ものなのです。問う限りは「問う我」がついて回ります。その「我」がひっくり返り破られるのです。それが「転回」ということです。美知子さんの中でも、その「問いの転回」の事実が起こったのではないでしょうか。

ですからここで「たましいは死なんがや」と言われている「たましい」は、霊魂のことではなくて、死によって呼び出された実存としての「たましい」、すなわち信心のことなのです。その信心としての新しい主体が、「泣くまっしゃるな。わたし死んでも、体無いがになっても……いつも母ちゃんと一緒に居るんだから、泣くまっしゃるな」と語っているのです。

サヲさんが「この言葉に教えられています」と言われているように、それはもはや人間の言葉ではなく、仏の教えの言葉であり、死んでもいつも母ちゃんと一緒だからと、「倶会一処」ということまでも語り出されているのです。

「母ちゃんは体の親、ナンナさんは私らみんなの親」といきなり言われて、驚いたこともあったといいます。伝統的に、如来は「親さま」とも呼ばれてきました。「私らみんなの親」とは、その「親さま」のことです。現実の母子関係は、生別もすれば死別もします。

子殺し親殺しは王舎城の悲劇にまで遡る人類の課題です。愛憎違順する親子の現実を、「ナンナさんのお心」が悲しまれているのです。たんなる母子関係（相対的関係）であれば、「倶会一処」は成り立ちません。親も子もそれぞれに如来の子であるという絶対的関係の中で、初めて成立するのです。この言葉によって、私もまた「愛別離苦」の問題に、ようやく決着をつけていただきました。

亡き子を拝む

ある時、「直りたくはないか」と訊くと、美知子さんは、「いいえ、一度直っても又病気になることもあるのだから。その時子供が居て、子供をおいて先に往ったら子供が可愛いし、自分もあとに心が残るから。それよりも、今こうして母ちゃんに介抱してもらってこのまま往けば、一番しあわせだから」〔『お育てにあずかる』九頁〕と言ったといいます。

「見老病死悟世非常」（老病死を見て世の常なきを悟る）、『大無量寿経』の言葉が彷彿としてきます。美知子さんは、仏智に照らされることによって、十四歳にしてすでに自分の人生を最後まで見通していたのです。「美知子の遺言」は次のように締めくくられます。

ナムアミダブツ、ナムアミダブツ。いつまでたっても私を離れず、まもって育ててくれます。

「私をお済度に、釈迦はこの世へ八千八度おのが使いに、おのが来にけり」という言葉がございます。聖人には

久遠実成阿弥陀仏　五濁の凡愚をあわれみて　釈迦牟尼仏としめしてぞ　迦耶城には応現する

とのご和讃がございますが、亡き美知子は、仏が私を済度にみえられたのだと、拝ましていただいております。〔同書、一二一頁。傍線は筆者〕

我が子の死をとおして、サヲさんもまた、大慈大悲の如来のお心に遇われたのです。輪読会に参加した夜は、いつも二階の忠利君の部屋に泊めていただきました。その部屋の床の間には、「心」という一幅の書が架けられていました。視力を失った晩年の暁烏敏先生が書かれたものと伺いました。その「心」こそ、「ナンナさんのお心」であったと気づいたのは、ごく最近のことです。

一九六八年（昭和四十三）六月十六日、新潟で大きな地震が起こり、その掛け軸が、音もなくゆっくりと揺れていたことを思い出します。

（『崇信』第五二三号〈二〇一四年七月〉収載）

自我意識

1 分裂する自己

ありのままの自分

保育所でおぼえてきたのか、二歳になったばかりの孫娘が歌っています。無論、訳もわからず歌っているのです。

ありのままの　姿見せるのよ
ありのままの　自分になるの

[作詞：Kristen Anderson-Lopez・Robert Lopez　日本語訳詞：高橋知伽江「レット・イット・ゴー――ありのままで――」、Uta-Net.https://www.uta-net.com/song/163665/]

アカデミー賞を受賞したディズニーのアニメーション映画『アナと雪の女王』の主題歌の一部です。禁断の魔法の力を持つ姉エルサは、制御していたその力を思いきり解き放ち、冬の王国を築いて孤独な雪の女王になろうとします。"Let it go"と題するこの歌は、その過程で歌われます。それが存在論的罪から逃れようとする屈折した姉の思いであることを知った妹のアナは、真実の愛によってエルサの凍った心を溶かそうとします。

エルサの持つ禁断の力は、自我意識そのもののように、私には思われます。制御しようとしても、制御することができません。なぜなら、それは、われわれが生きているいのち自身から起こる内発的なものだからです。そして、その自我意識を制御しようとする思いもまた、自らの自我意識ということになるからです。しかも、それは世界と自己を分断し、自己中心的な本性によって世界を我がものにしようとします。そこに築かれるのは、閉ざされた孤独な氷の王国です。そこには自分しか存在できないのです。

B子の苦しみ

B子は、おかっぱ頭のいかにも真面目そうな生徒でした。思春期特有の理想主義と生来の完全癖が、彼女のものの考え方、感じ方を深い所で支配していました。高校入学後間もなく、髪を染めたり、口紅を塗ったり、マニキュアをしたりする上級生を見て、彼女の挫折は始まります。「ここは私の来るべき所ではなかった」と言って上級生や同級生を裁き、それと同時に「一番いやだったのは、他人の批判ばかりしているくだらない自分だった」

と、自らをも責めるようになったのです。B子の中では「あるべき自己」と「現実の自己」が分裂し、「学校に行かなければ」という思いと「行けない現実」とが激しく葛藤していました。一方、B子に似た完全主義者の母親は、B子の中退希望を認めず、遂にB子を自殺未遂にまで追いこんでしまいました。担任も、家庭訪問をしたり、電話をかけたり、親しい友人を派遣したりして説得を試みましたが、この場合、その熱意はB子を追い詰めるだけでした。結局、彼女は休学しました。そのB子を救ったのは、「無理に学校に行かなくてもいいいんだよ」という或る専門機関のカウンセラーの一言でした。

B子の苦しみは、理想と現実、「あるべき自己」と「現実の自己」との乖離にありました。言い換えればそれは、自我意識と我が身の事実との乖離でもあったのです。

ロージァズのカウンセリング理論

私はそのころ、「来談者中心療法」といわれるカール・ロージァズのカウンセリング理論に関心を持っていました。その病理論は、「諸悪の根源は、あるがままの自分と、かくありたい自分とのギャップにある」というものです。

B子における「あるべき自己」と「現実の自己」との分裂は、ほかならぬこの私自身が、自我に目覚めて以来悩み続けてきた自我意識の問題でもありました。

自我意識は、自己と他者を分別し、比較競争することによって、自己の優位を保とうとします。他人より優れていれば優越感を持ち、劣っていれば劣等感を持ち、同等ならば安心感を持つのです。優れた者に対しては、虚勢を張ってまで同等であろうとしたり、優位に立とうとしたりします。そのためには、仮面を被らなければなりません。他者に対してばかりではありません。自我意識はまた、他者と同時に自己自身をも対象化するのです。そこに、「あるべき自己」と「現実の自己」との乖離（自己疎外）が生じます。「現実の自己」は、「あるべき自己」の仮面の下に隠され排除されます。仮面を外して自分自身に素直になれたらどんなにか楽になるだろうと、私はずっと思い続けてきました。

「自己が真の自己自身であること」というタイトルのもとで、ロージァズは、セラピーを受けたクライエントがどのようにして「失われた自己」を回復してゆくかについて、述べています。

①見せかけのものから離れる。
②「べき」から離れる。
③期待に沿うということをしなくなる。
④他者を喜ばすということから離れる。

セラピーを受けたクライエントは、このように本来的自己に向かって動いていくというのです〔カール・ロージァズ『ロージァズ全集』（岩崎学術出版）第一二巻、一八〇～一八五頁、摘要〕。

われわれが何よりも深く望んでいることは、「ありのままの自分」になりきることです。それは、自我意識が妄念妄想であることを、仏智によって照らし出されるということでもあります。

2 意味を問うということ

生きることの意味

人間はみな、自我に目覚めて自我につまずきます。目覚めた自我は、いのちの中にあるにもかかわらず、そのいのちを対象化し、いのちから遊離して、いのちの大地を失います。そして、自分は自分だけで自分であると思うようになります。つまり「自分」とは、われわれがそこにおいて生きているいのちから、分別知によって切り離された、「限界性の自我意識」（自己と世界、自己と他者を区別する意識）［ヤスパース『精神病理学総論』（岩波書店）］なのです。

それによって自分といのちとの間にすき間が生じ、そのすき間が虚しさの原因となります。虚しさは、意識性存在としての人間存在の存在構造そのものであり、ふだんは仕事や学問、家庭生活、趣味や娯楽によってまぎらわされていても、時折（いや必ず）思い出したようにふっと意識の表面に現れてきます。その時、虚しい生は、生きることの意味を求めようとします。自我意識は、自らの存在根拠を失っているがゆえに、必然的に自分という存在の意味を問うのです。思えば、自我に目覚めてこの方、私も五十年もの間、生きることの意味を求め続けてきました。今もそうです。自我意識を持つ限り、これからもそうでしょう。それが、意識性存在としての人間の宿命です。

三十代後半のころ、人間としての在り方生き方を考える「倫理社会」という社会科の科目を担当して、私は自ら生きることの意味を問いつつ、生徒たちにも同じ問いを投げかけていました。新年度の授業の始めに、「自分はいま、何のために生きているか？」という問いを提示し、その回答をもとに一年間の授業を組み立てていました。

C子の直感

なぜ生きるのだろうとか、生きるって何だろうとかは考えたことがありますが、何のために生きるのだろうなんて、これまで考えたこともありませんでした。何のために……それはいろいろあるだろうけれど、～のために生きるでは、なんとなく生きることそのことからずれているように感じるのです。うまく言えませんけど……

短い文章でしたが、私はこのC子の回答にハッとしました。自分の発想の根底を根こそぎ揺さぶられるように感じたのです。実は、毎年同じようにその問いを投げかけながら、何となくそぐわないもの、微妙な「ずれ」のようなものを、私自身感じていたのです。「生きるということは、何のためにとはつながらない」、「何かのために生きるということは、生きることそのことからずれている」と感じ取ったC子の回答に、私は、何か決定的なことを言い当てられているような気がしました。意味を問うことの根底には、「いのちの私物化」「いのちの限定」があるのではないか。そのことを同人誌に書いたところ、今度はそれを読まれた信國淳先生から、再び驚くべきコメントを頂くことになりました。

C子にその「ずれ」を感じさせたものは、C子の生きるいのちそのものなのだ、というのです。C子は与えられたいのちを生きるものであるが故に、与えられたいのちを与えられたままに生きることと、そのいのちを何かのために、自己の何かを立てるために生きるのとでは、そこに大きな「ずれ」があることを感じて、それを率直に表現したのだというのです。

われわれが人生の意味を問う時、それは必ず「我が人生」の意味を問うのであり、問うこと自体の中に、すでに人生の私物化という問題が含まれています。それは、たとえ社会のために良かれと思う場合であっても、社会のために良かれと思う自分の思いに依拠せざるを得ません。徹頭徹尾、われわれは自我意識・自我関心を離れることはできないのです。

第十願に聞く

しかし、自分が自分のために自分の人生の意味を問う限り、虚しさを超えることはできません。それは、「自分」それ自体がいのちの大地を遊離した砂上の楼閣であるからです。私は、法蔵菩薩の第十願（すべての人が救われない限り自分も救われまいと誓った、法蔵菩薩の四十八願の第十番目の願い）に、いのちの大地を離れて虚しく生きるわれわれを、大地に呼び戻そうとするいのちの声を聞くような気がします。

設我得仏《せつがとくぶつ》、国中人天《こくちゅにんでん》、若起想念《にゃくきそうねん》、貪計身者《とんげしんしゃ》、不取正覚《ふしゅしょうがく》。

たとい我、仏を得んに、国の中の人天、もし想念を起こして、身を貪計《とんげ》せば、正覚を取らじ。

（たとえ私が仏になるとしても、私の国に住む人びとが自我意識によって自分の思いを抱き我欲にとらわれるようならば、私はけっして仏になりません）

〔『仏説無量寿経』聖典一七頁。（　）は筆者〕

何を思い行おうとも、私の想念は自己中心的なものであり、雑毒の善・虚仮の行（毒のまじった善行・偽りの行）であることをまぬがれることはできません。私が想念を起こす時、その想念は必ず我が身を貪計してしまうのです。

われわれが生きることの意味を問うということは、身を貪計することにほかなりません。所与の人生を「我が人生」として私物化し、計算し、利用しようとすることにほかならないのです。その貪欲な自我意識を、けっして私物化され利用されることのできない、いのちそのものが悲しんでいるのです。それが第十願のお心なのではないでしょうか。

3 自我意識を破るもの

自分の思い

記憶しておくがいい、きみを侮辱するものは、きみを罵《ののし》ったり、なぐったりする者ではなく、これらの人から侮辱されていると思うその思惑なのだ。それでだれかが、きみを怒らすならば、きみの考えがきみを怒らせたのだと知るがいい。

〔「世界の名著」13、エピクテトス『要録』二十、（中央公論社）、三九二頁。傍線は筆者〕

これは、古代ローマのストア派の哲学者エピクテトスの言葉です。彼は、「心はヘルメスの杖（魔法の杖）である」と言いました。その心の杖によって、奴隷の身でありながら、自由な境涯を生きたといわれています。彼の考えによれば、自分が或る人から侮辱を受けた時、自分を侮辱したのは、侮辱した人ではなくて、逆に侮辱されたと思う「自分の思い」だというのです。

他人に何と言われようが、それを馬耳東風と聞き流す人もいれば、憎悪に駆られて怒り心頭に発する人もいます。この場合、侮辱されたと思うその「自分の思い」が、確かに自分自身を侮辱しているのだと言えるでしょう。

四苦は思苦

出雲路暢良先生は、「苦こそ真理への出発点である」と喝破されました。苦を引き受け、その因を内観することによって道は必ず開かれるというのです。その時、内観によって明らかになる苦の因が、ほかならぬ「自分の思い」だというのです。私たちは、「自分の思い」によって苦しむのです。自分で自分を苦しめているのです。

生老病死の生苦は、「生きていくことは苦しみであると思う自分の思い」が自分を苦しめているというのです。なぜなら、「生きてるだけで有難い」と言った八戸の下駄職人金田勇作さんのような方もいるからです。同じく老苦も、「老いていくことは苦しみであると思う自分の思い」が自分を苦しめているのです。自宅でお座を開いていた金沢市の野崎愛子さんのように「ヨボヨボになって死んでいこうと生きておろうと、自分の考えが間に合わんと、それだけがわかればよい」〔『崇信』第五二六号〕と老いを受容して生きた方もいます。

同じように病苦も、「病むことは苦しみであると思う自分の思い」が自分を苦しめるのです。北海道斜里町の鈴木章子さんは、「癌は宝」「降る雪さえもあったかい」〔林暁宇『降る雪さえもあったかい』（具足舎）〕と言って死んでゆかれました。死苦もまた、「死は苦しみであると思う自分の思い」によって起こります。鯖江市の念仏詩人竹部勝之進さんは「安心して生きておれます　安心して死んでいけます　これほどしあわせはない」と、「死生のうた」〔『はだか』（法藏館）〕をうたわれました。

このような先達の言葉は、すべて「自分の思い」こそが、生老病死の苦の因になっていることを証するものです。

他のもの

釈尊は「自灯明・法灯明」と言われました。「法を島とし、法をよりどころとして、他のものをよりどころとしない」〔『ブッダ最後の旅』（岩波文庫）〕というのです。ここで「他のもの」というのは、実は自分の思いでもあるのです。家族とか財産とかは一見自分の外にあるもののように思われますが、それも実は「自分の家族」「自分の財産」であり、「自分の思い」にほかなりません。「自分の思い」が生死の迷いというヴァーチャルな世界を作り出すのです。仮想現実を生み出すものは、なにもＩＴ機器ばかりではありません。自我意識も生み出しているのです。だからこそ源信僧都は「妄念はもとより凡夫の地体なり。妄念の外に別の心もなきなり」〔『横川法語』、聖典九六一頁〕と言われ、唯円も、「一生のあいだ、おもいとおもうこと、みな生死のきずなにあらざることなければ」〔『歎異抄』第一四条、聖典六三五頁〕と言われたのでしょう。

四苦は思苦です。デカルト風に言えば、「我思う、故に我苦あり」です。しかし、だからといって、思考を停止すればそれで済むのかといえば、そうではありません。思考を停止しようとすることもまた一つの思考であるからです。

プラス志向で考え方を変えれば問題は解決するのかといえば、そうでもありません。どう考えようと、われわれは「自分の思い」を離れることはできないのです。先に紹介した四人の先達は、その「自分の思い」を根こそぎひっくり返された人びとなのです。

「思い」を破るもの

その「自分の思い」は、どこで破られるのでしょうか。自分・自分のものという自我意識、その「自分の思い」を破るものがお念仏であるということを明確に示されたのは、元大谷専修学院長の信國淳先生でした。

その私どもの自我意識によるいのちの私有化、いのちの私物化をそっくり排除しながら、突破しながら、私どものいのちをそのまま我がものなりとして……いのちそのものから私どもの上に自らを名告《なの》り出るもの、それがすなわち「南無阿弥陀仏」、我は阿弥陀仏に南無するものなりということであります。

〔『呼応の教育』(樹心社)、一九一頁〕

南無阿弥陀仏の名告りこそが、絶えず想念を起こし身を貪計してやまないわれわれを、その「思い」の繋縛から解放するというのです。

4 身の事実に聞く

行き詰まる「思い」

仕事や商売に行き詰まる。人間関係や家族関係に行き詰まる。経営者なら資金のやりくりがつかなくなって行き詰まる。スポーツ選手はスランプに陥る。力士の引退の弁は、おおよそ「体力の限界、気力の衰え」です。学者なら研究に行き詰まります。青年なら受験に失敗したり恋に破れて、人生に行き詰まります。そして誰もがいつかはそこへと追い込まれる逃れ難い行き詰まりが老病死、つまり最終的には死なのでしょう。

しかし「生より死にうつると心うるは、これあやまりなり。……生といふときには、生よりほかにものなく、滅といふときは滅のほかにものなし」（『正法眼蔵』「生死」（大正新脩大蔵経））と道元禅師は言います。生↓死という時間の観念も自我意識の妄想だというのです。

竹部勝之進さんに「ココ／ココ／ココ／ワタシハイマココニイル／ココガワタシノイマノ場所」『はだか』（法藏館）」という詩がありますが、わが身は常に「イマ」「ココ」にいるのです。

行き詰まるのは、決まって私自身の思い（自我意識）です。死にたくないという思い、勝負に勝ちたいという思い、財を成したいという思い、名誉を得たいという思い、理念を実現したいという思い、恋人を我がものにしたいという思い、そして、いつまでも若く健康でありたいという思い、そういう勝手な自分の思いが行き詰まるのです。キルケゴールがいみじくも言ったように、絶望はすべて自己自身への絶望なのです。もっと言えば、自己自身の思い（自我意識）への絶望なのです。

だが、そのようにして自分の思いが行き詰まり、砕かれた時にも、身は生きているということがあります。それが「身の事実」なのでしょう。自我意識について考える時、特に注意しなければならないことは、このことではないでしょうか。

身の事実

親しかった友人の一人が突然この世を去ったのは、十年ほど前のことです。五十九歳でした。奥さんの話によると、夕食後テレビで巨人阪神戦を観て就床、翌朝いつまでたっても起きてこないので、不審に思って二階に上がってみると、布団の中で冷たくなっていたというのです。

本人自身も気づかぬまま、家人を呼ぶこともなく、友人は睡眠中に突然死したのです。心筋梗塞でした。二階の寝室にはほかに誰もおらず、そのいきさつは、彼の身体だけが知っていたということになります。無論身体は、身体自身を意識することはありません。確かに脳も身体の一部であり、意識や動作の中枢ではありますが、睡眠中はその活動を自覚することはありません。睡眠中の身体は、植物と同じように自然の摂理の中にあります。例えば樹木は、無意識のうちに春に芽ぶき、花咲き、秋には実を結んで、やがてきれいさっぱり葉を落とします。樹齢千年の巨木でも、やがては枯れて大地に還ります。しかし樹木には、そのような自分の変化の自覚はありません。それを意識することがないという点で、身体そのものは植物と同じなのです。意識を失くした人間は、一般に「植物人間」といわれます。この場合、意識を持たないことを、植物に例えているのでしょう。

しかし、人間の自我意識は、いつも自己自身の身体や心を対象化し、意識し、所有し、執着しようとします。決して自分の身体の死を、そのまま受け容れようとはしません。死の間際にも死ぬことを意識していて、七転八倒します。それどころか、死後のことまで妄想し、自分の葬儀や墓石や戒名のことまで考えて、取り越し苦労するのです。

身は死のうとしているのに、意識は死に切れず、行き場所を求めてさまよいます。これは、どこかがおかしいのです。身のほうが正しいのか意識のほうが正しいのかといえば、きっと身のほうが正しいのでしょう。友人は、身を以てそのことを私に示したのです。

身体と意識

エピクテトスは、自分の権内にあるものと権外にあるものとを区別しました。エピクテトスの『要録』一を要約すると、「権内のものとは、自分の権限の行き渡る範囲内のものという意味であり、自分の思い通り自由にできるが、権外のものは、権限の及ぶ範囲外のもので、これは自分の自由にはできない。意志や欲求や忌避はわれわれの権内にあるけれども、身体や財産や評判などは権内にはない。権外のものを権内のものと思いこむことが、不幸の始まりである」というのです。

ここで注目すべきことは、自分の身体まで権外のものとしていることです。身体は権外のもの（圏外のもの）なのです。身体には随意筋と不随意筋とがあり、随意筋は手足のように自由に動かすことができますが、心臓や肺や胃腸のような不随意筋は自律神経の下で勝手に動いており、自分の自由にはなりません。しかし随意筋とて、脳梗塞を患ったり骨折をしたりすれば、もはや自由に動かすことはできなくなります。身体は、やはり権外のものなのです。権外のものを権内のもののように思うことが、自我意識の妄想なのです。身体が死ねば意識もなくなりますが、意識がなくなっても身体は死ぬことはありません。そういう意味でも、身体が正しいか意識が正しいかといえば、身体のほうが正しいのでしょう。出雲路暢良先生は「生きるということは身に仕えていくことだ」と言っておられたそうです。

記憶にないことでも、身には覚えがあるといいます。思考による知識よりも、身を以て知ることの方が、より根源的なのです。「見覚え」ではなく、「身覚え」というものがあるのではないでしょうか。

（『崇信』第五三〇号〈二〇一五年一月〉収載）

浄土のありか

1 後生の一大事

すれちがう「思い」

十年以上使っていた電気釜が、突然動かなくなりました。故障というよりは、すでに耐用年数が切れていたのです。「ドンナ人間ニモカナラズ終リハ来ル　ドンナ世ノ中ニモカナラズ終リハ来ル」〔能吉利人作詞「終末のタンゴ」〕という歌の文句が、一瞬脳裏をかすめました。嫌な予感がありました。すると一月末に人間ドックの再検査の結果が出て、妻が大腸がんの告知を受けました。幸い未だ初期の段階だったので、開腹はせず内視鏡による腫瘍の剥離手術を受けることになりました。

とはいえ、厚さ三ミリメートルという腸壁にできた直径二センチメートルほどの腫瘍の剥離手術には、思わぬ危険が伴います。前日、担当医から、腫瘍の部位が奥深く、せん孔

（腸壁に穴が空く）のリスクも五パーセントはあるという説明を受けました。群馬大学附属病院の医療事故が毎日のようにニュースでとりあげられている時でありました。

「万一のことがあったら、お浄土で待っているんだぞ」と言うと、妻は「私はお浄土はいいの。死んだら終わり。土に帰るの」と言います。すっかり肩すかしを食ってしまいました。「おいおい、今さら何を言い出すのだ。縁あって結ばれ、二人の子供を育て、四十年以上も同じ屋根の下で暮らしてきたのに、最後はすれ違いでお別れか？」と、思わず言い出しそうになりましたが言わないでおきました。「同じお墓に入りたくない」と言われるよりはまだいいかと、思い直したのです。

妻の応答に、私は母の最期を思い出していました。母は晩年、大腿骨骨折で入院し、肺炎を併発して、そのまま九十六歳でこの世を去りました。戦後、酪農経営を志した父と開拓生活に入り、七人の子を育てながら苦労を重ねてきた母には、せめて安らかな最期の時を迎えてほしいと思いました。母がどのように自分の死を受けとめようとしているのかが、気がかりでした。なかなか言い出せないでいましたが、或る日思い切って「後生のことは大丈夫なの？」と聞いてみました。すると母は、「後生って何よ」と逆に聞き返してきました。しまったと思いましたが、引っ込みがつかなくなり、「死んだ後のことだよ」と言いました。すると母は、「死んだ後のことなんて考えたこともないよ」と言って笑いました。「最後に苦しまなければそれで良い」とも言いました。「未だ生を知らず、いずくんぞ死を知らんや」〔孔子『論語』〕と言わんばかりでした。合理主義者で、方位も良時吉日も選ばず、生涯信仰も持ちませんでした。母もまた内心、死んだら土に帰るのだと考えていたのかもしれません。倶会一処のお浄土を母と共有できないことを、私は寂しく思いました。

「思い」を超えて

ところが、死の一週間ほど前から、そんな母親に異変が生じたのです。混濁した意識の中で、突然「部原《へばら》に帰る」と言いだしました。「部原」は、母の生まれ故郷です。身は老衰で命尽きようとしているのに、心は最後に帰るべき場所を求めてさまよいだしたのです。身体は骨となって土に帰るとしても、心はいったい何処へ行ったら良いのか？　心も脳細胞のはたらきだから身体と一緒に土に帰るのだと言って割り切ることができないものが、そこに残りました。心の要求に応えるべきもの、心の帰趨ともいうべきものが、何処かになくてはならなかったのです。

『スッタニパータ』冒頭の「蛇の章」には、「この世とかの世とをともに捨てる」という言葉が繰り返し出てきます。例えば、

七　想念を焼き尽くして余すことなく、心の内がよく整えられた修行者は、この世と

かの世とをともに捨てる。あたかも蛇が旧い皮を脱皮して捨てるようなものである。

八　走っても疾過ぎることなく、また遅れることもなく、この妄想を全く超えた修行者は、この世とかの世とをともに捨てる。あたかも蛇が旧い皮を脱皮して捨てるようなものである。

〔『ブッダのことば』（岩波文庫、一二頁）。傍線は筆者〕

初めの話に戻れば、私は私で、妻にお浄土に生まれてほしいと思っていたのです。万一のことがあったら、そこで再会を果たしたいとも思っていました。ところが妻は妻で、自分は土に帰るのだと思っていたのです。母との関係で言えば、私は私で母の浄土往生を願っていました。ところが、母は母で、生まれ故郷に帰りたいと思っていたのです。夫婦であっても親子であっても、皆それぞれに、それぞれの思いの中に、すれちがいのまま生きていたということになります。否、仮に浄土に帰るとお互いに思っていたとしても、その「浄土」の意味するところは、それぞれに異なっていたのです。

心を弘誓の仏地に樹《た》て、念《おもい》を難思の法海に流す

（心をしっかりと本願の大地に立て、自分の思いを人知の及ばない本願の大海に流す）

〔『教行信証』後序、聖典四〇〇頁。傍線、（　）は筆者〕

と親鸞は言いました。

「この世とかの世とをともに捨てる」というブッダの言葉は、そのようなそれぞれの思

いを超え出ること、分別知としての自我意識を離れること、「想念を焼き尽くす」ことであると、改めて思い知らされたことでした。

2 開かれる浄土

「少年の問い」再考

東日本大震災から四年余りの歳月が流れました。南相馬で遺失物洗浄作業に従事していた夏、数多くの家族写真を手にしました。結婚、誕生、ひな祭り、入学式、卒業式……人生の節目節目に記録された家族の思い出が泥の中から姿を現すたびに、やりきれない思いに駆られました。

母親を津波にさらわれた少年はどうしているだろうかと、今も時々思います。小学校の低学年であったとすれば、もう中学生になっているはずです。自我の目覚めの時を迎えて、「何もしたくない」「生きていても意味がない」という思いに囚われることも少なくないのではないでしょうか。

震災直後、取材に入った新聞記者に、少年は「どうしたらもう一度お母さんに会えるの?」と訊ねたのでした。記者は答えることができませんでした。先立った者と残された者とは、何処で再会することができるのか、浄土真宗はこの人生の根元的な問いに、「倶会一処」という言葉で答えます。「一処」は、むろん浄土のことです。

しかし、小学二、三年生の少年にいきなり浄土の説明をしても、おそらく戸惑うばかりでしょう。「お母さんは天国にいるんだよ。天国で君を見守っているんだよ。いつも君の側にいるんだよ」と答えるしかないと、あの時私は思いました。しかし中学生になった少年に、今同じことを言えば、「天国って何?」「浄土って何?」と逆に問い返されるにちがいありません。

或る真宗の僧侶は、高校生に「浄土があることを証明してください。証明してくれたら信じます」と言われたといいます。「浄土は人知を超えたもの、証明できないのが浄土です」と答えたというのですが、それで高校生が納得しなかったことは、言うまでもありません。

妻が、「死んだら土に帰るの」と言っているのも、母が、「死んだ後のことなんて考えたこともないよ」と言って笑ったのも、同じことです。「人は死ねばゴミになる」と言って顰蹙《ひんしゅく》を買った人がいます。「ゴミになる」とまでは思わなくても、現代人は実はおおかた

「土に帰る」、あるいは「無に帰す」と思っているのではないでしょうか。科学的実証的な考え方は、今や世界を覆い尽くし、何につけても合理的であること、実証的であること、客観的・普遍的であることが求められているのです。だが、そのような科学的方法によって少年の問いに答えることは、到底できないでしょう。これは、最も深い宗教的な問いなのです。

ついの住処

「宗教は主観的事実なり」、「私共は神仏が存在するが故に神仏を信ずるのではない。私共が神仏を信ずるが故に、私共に対して神仏が存在するのである」と、清沢満之は述べています〔『清澤滿之全集』(法藏館)第六巻、一〇三～一〇四頁〕。さらに、「絶対無限者は、之を求むる人の之に接する所にあり。内とも限るべからず、外とも限るべからざればなり」〔同、二頁〕とまで言っています。浄土についても、これと同じことが言えるのではないでしょうか。つまり浄土があるから往生できるのでもなく、逆にないから往生できないのでもなく、往生の信心が生まれるからこそ、そこに浄土が開かれるのではないでしょうか。

妻が「土に帰る」と言うのならば、それはそれで良かったのでしょう。「母なる大地」という言葉もあるではありませんか。大地の向こうには、浄土が開かれているのかもしれないのです。同じように、母が「郷里に帰る」と言うのであれば、それもそれで良かったのかもしれません。ご先祖様のいのちを受け継いで、最後はご先祖様の眠る故郷に帰るというのです。このことを同人誌に書いた時、或るご婦人に「お母様はきっとご自分の母親に会いたかったのよ。生まれ故郷に帰るというのは、母親のもとに帰るということなのよ」と言われて、はっと気づくことがありました。

親さま

真宗の伝統には、「親さま」という言葉があったのです。その母親はどこかで「親さま」につながっているのかもしれません。母の郷里は母の母親につながり、その母親は「親さま」につながっているのかもしれないのです。つまり、妻も母も、「土に帰る」「郷里に帰る」というかたちで、無意識のうちにお浄土に帰ろうとしていたのかもしれないのです。とすれば、もともと私がその是非善悪をあげつらうべきことではなかったのでしょう。一人ひとりが、自己の内心に聞いてゆけばよいのです。

問題は、それで自分自身納得がいくかどうかということです。信仰は、各人が自らの内心に聞くべきものであって、他人が外から詮索したり、客観的にその真偽を判定したりするようなものではないのでしょう。それこそ「面々《めんめん》の御《おん》はからい」〔『歎異抄』第二条、聖典六二七頁〕なのでしょう。私は私で、妻は妻で、母は母で、それぞれに救われていくしかありません。あとは「おまかせ」です。仏法聴聞は一人ひとりのしのぎなのです。

（『崇信』第五三六号〈二〇一五年八月〉収載）

3

方便と真実

方便としての阿弥陀・浄土

浄土は、『阿弥陀経』に次のように説かれています。

> これより西方に、十万億の仏土を過ぎて、世界あり、名づけて極楽と曰《い》う。その土に仏まします、阿弥陀と号す。いま現にましまして法を説きたまう。　〔聖典一二六頁〕

ここに、西方十万億仏土、極楽（浄土）、阿弥陀仏、今現在説法とあります。しかし、これらはすべて一如の真実を衆生に知らせるための方便だと、親鸞は言います。

それでは一如の真実とは何でしょうか。あらゆる存在は互いに関係しあっており、それ自体で存在しているものはありません。あらゆる存在は、その関係において一体（一如）であることを意味します。具体的には身土一如（自分と自分を取り巻く世界は関係し合っており、その関係において一体であるということ)、生死一如(生と死は関係し合っており、その関係において一体であること)、そして自他一如(自己と他者は関係し合っており、その関係において一体であること)などがあげられます。その関係を縁起(何かに縁《よ》って何かが起こること)とも言います。存在はすべて重々無尽の縁起によって成り立っているのです。お釈迦様はその縁起の真理に目覚めて仏(Buddha 真理に目覚めた人)になりました。

「西方十万億仏土を過ぎて」とは、その一如真実としての浄土が、人間の側からは到達することも認識することもできない世界であることを、比喩的に表現したものなのでしょう。人間の分別知、認識能力の遠く及ばざること、そこに絶対の断絶があることが言われているのでしょう。

その土に仏まします。阿弥陀と号す

(その極楽浄土に阿弥陀仏という名前の仏様がいらっしゃいます)　[聖典一二六頁。( )は筆者]

阿弥陀仏も方便です。阿弥陀仏の原名は二つあり、一つは a-mitābha 無量光(無限の智慧)、もう一つは a-mitāyus 無量寿(無限のいのち)です(『岩波仏教辞典』)。a-mita というサンスクリット語は、英語では unlimited(限定できない)、unmeasured(計測できない)という意味を持ちます。「阿弥陀」はまた、「十方微塵世界の念仏の衆生をみそなわし摂取して捨てざれば阿弥陀となづけたてまつる」（世界中の生きとし生けるものをご覧になり、あわれみ悲しんで救い取ってやまないからこそ、阿弥陀と名づけ申しあげます）〔『浄土和讃』聖典四八六頁〕とうたわれているように、生きとし生けるものを自己自身とする自利利他円満、仏凡一体の菩薩心であることをも意味するのです。

「いま現にましまして法を説きたまう」とは、その一如の真実が今現在もはたらき続けているということの人格的表現なのでしょう。

一如真実としての阿弥陀・浄土

浄土は、仏の悟りの世界、涅槃の世界です。その涅槃と阿弥陀・浄土の関係について、親鸞は次のように説明しています。

> 涅槃《ねはん》（煩悩の火の吹き消された悟りの状態）をば、滅度《めつど》という、無為《むい》という、安楽《あんらく》という、常楽《じょうらく》という、実相という、法身《ほっしん》という、法性《ほっしょう》という、真如《しんにょ》という、一如《いちにょ》という、仏性《ぶっしょう》という。……法身は、いろもなし、かたちもましまさず、しかれば、こころもおよばれず。ことばもたえたり。この一如《いちにょ》よりかたちをあらわして、方便法身《ほうべんほっしん》ともうす御《おん》すがたをしめして、法蔵比丘《びく》となのりたまいて、不可思議の大誓願《だいせいがん》をおこして、あらわれたまう御かたちをば、世親菩薩《せしんぼさつ》は、尽十方無碍光如来《じんじっぽうむげこうにょらい》となづけたてまつ

りたまえり。

〔『唯信鈔文意』聖典五五四頁。傍線、（　）は筆者〕

整理しますと、「涅槃」は「一如」である。生死一如・身土一如・自他一如の真実である。それは色も形もなく、認識や思考の対象とならず、言語で表現することもできない不可称・不可説・不可思議なものであるということです。

しかしそれでは、われわれ人間には取り付く島もありませんから、仮に方便として阿弥陀仏という「かたち」を現して感覚の対象とし、「御《み》な」（南無阿弥陀仏という名号）を示して理性的認識の対象にするというのです。しかし、それはあくまでも方便です。方便とは、衆生を真理へ導くための手段です。そしてその方便についても、親鸞はまた次のように説明しています。

> 方便ともうすは、かたちをあらわし、御《み》なをしめして衆生にしらしめたまうをもうすなり。すなわち、阿弥陀仏なり。この如来は、光明なり。光明は智慧《ちえ》なり。智慧はひかりのかたちなり。智慧またかたちなければ、不可思議光仏ともうすなり。この如来、十方《じっぽう》微塵《みじん》世界にみちみちたまえるがゆえに、無辺光仏ともうす。しかれば、世親菩薩は、尽十方無碍光如来となづけたてまつりたまえり。
>
> 〔『一念多念文意』聖典五四三頁。傍線は筆者〕

「御なをしめして衆生にしらしめたまう」とあります。いろもかたちも持たない一如の真実である南無阿弥陀仏、その六字の「御な」の「南無」は「帰命」（帰依）であり、同時に仏の「本願召喚の勅命」（本願召喚の絶対命令）でもあります。阿弥陀仏はそのはたらきを意味します。来タレという本願の呼びかけに、ハイと言って応答することです。

「南無」と言うは、すなわちこれ帰命なり、またこれ発願回向（願をおこしその力を衆生にさし向ける）の義なり。阿弥陀仏と言うは、すなわちこれ、その行（はたらき）なり。

〔『教行信証』行巻、聖典一七六頁。傍線、（　）は筆者〕

とあります。

以上のように、阿弥陀仏とその世界としての浄土は、あくまでも方便であり、実際には一如真実のはたらきなのです。言いかえれば、一如真実のはたらくところが浄土なのです。

しかれば弥陀如来《みだにょらい》は如より来生して、報《ほう》・応《おう》・化《け》種種の身を示し現わしたまうなり。

（ですから阿弥陀如来は一如真実から生まれて、当の阿弥陀仏や釈尊や諸先生の姿となって現れてくださるのです）

〔『教行信証』証巻序、聖典二八〇頁。傍線、（　）は筆者〕

とあるように、その一如の真実が、阿弥陀仏の「かたち」となって現れ、「御な」となって示されています。ゆえに、阿弥陀仏の「かたち」を見る者は、そこに一如の真実を見なければなりません。「御な」を聞く者は、そこに一如真実の呼び声を聞かなければならないのです。

逆に言えば、南無阿弥陀仏と声に出し、耳に聞くところに、浄土は開かれるのです。南無阿弥陀仏という文字を目にするところ、心に思うところに、浄土は開かれているのです。

子の母をおもうがごとくにて
衆生仏《ぶつ》を憶《おく》すれば（心に深く思えば）
現前当来とおからず
如来を拝見うたがわず

〔『浄土和讃』聖典四八九頁。（　）は筆者〕

というのです。

4 はたらく真実

方便にとらわれない

浄土は、方便としての阿弥陀仏の世界です。実体としては一如の真実のことです。それは、主観客観合一の世界であり、人知で対象化し分別することはできません。われわれ人間の思考は及びません。ですから不可称・不可説・不可思議といわれるのです。理性によって対象化され、認識された「真」は「真」そのものではありませんから、「真如」（真の如し）としか表現できません。同じように「一」も、対象化された一は「一」そのものではありませんから、「一如」（一の如し）としか表現し得ないのです。

浄土も一如も真如も方便です。しかし、ひとたび方便であると知ったら、もうそのことは忘れてしまいなさいと、親鸞は次のように極めて繊細な言い回しをしています。

無上仏（完全な仏、一如真実そのもの）ともうすは、かたちもなくまします。かたちもましまさぬゆえに、自然《じねん》とはもうすなり。かたちましますとしめすときは、無上涅《ね》槃《はん》とはもうさず。かたちもましまさぬようをしらせんとて、はじめに弥陀仏《みだぶつ》とぞききならいてそうろう。弥陀仏は、自然のようをしらせんりょうなり。この道理をこころえつるのちには、この自然のことは、つねにさたすべきにはあらざるなり。つねに自然をさたせば、義なきを義とすということは、なお義のあるべし。これは仏智の不思議にてあるべし。
〔『自然法爾抄』聖典五一一頁。傍線・傍点、（ ）は筆者〕

ここで「この道理」というのは、阿弥陀仏が「自然のよう」（一如真実のはたらき）を知らせる手段（方便）であるということです。しかし、ひとたびそれが方便であることがわかったら、もう方便であることは忘れなさいと言っているのです。阿弥陀仏は分別知という人間の理性的認識能力に対応するための仮の表現手段であり、最終的にはその理性的認識を超えなければならないというのです。

方便は、真実を伝えるための仮の手段です。仮の手段にとらわれて、真実を見失ってはなりません。「権実真仮《ごんじつしんけ》をわかずして自然の浄土をえぞしらぬ」〔『浄土和讃』聖典四八五頁〕と、親鸞は、真実と権仮（方便）の差異を明確にすることの重要性にも言及しています。その差異を明確にすることなしには真の浄土を知ることはできない、とまで言っているのです。その上でいったん差異が明確になったら、もうそのことにはこだわるなとも言っています。こだわれば、それも理性的認識（自我意識）への執着となってしまいます。禅の言葉では、指月の指にとらわれず月に直参せよ、と言うのです。

如来大悲としての浄土

このような視点から、『大無量寿経』の言葉を読み直してみます。

如来、無蓋《むがい》の大悲《だいひ》をもって三界《さんがい》を矜哀《こうあい》したまう。世に出興《しゅっこう》したまう所以《ゆえ》は、道教を光闡《こうせん》して、群萠《ぐんもう》を拯《すく》い恵むに真実の利をもってせんと欲《おぼ》してなり。

（諸仏如来は何ものも覆い隠すことのできない大慈悲心をもって欲界・色界・無色界に迷う衆生を憐れまれました。この世に現れたのは、仏教を説き広め真実の利益によって人びとを救いたいと思われたからです）

［聖典八頁。（　）は筆者］

たとい我、仏を得んに、十方衆生、心を至し信楽《しんぎょう》して我が国に生まれんと欲《おも》うて、乃至《ないし》十念せん。もし生まれずは、正覚を取らじ。唯《ただ》五逆《ごぎゃく》と正法《しょうぼう》を誹謗《ひほう》せんをば除く。

（もし私が仏になった時、あらゆる人びとが至心・信楽・欲求の三心を得て、せめて十回でも念仏申して浄土に生まれることができなければ、私は仏になりません。ただし五逆罪と仏法をそしる人は除きます）

［聖典一八頁。（　）は筆者］

われわれは生死一如、身土一如、自他一如のいのちを生きています。にもかかわらず、我・我所（自分・自分のもの）というわれわれの自我意識は、それを対象化し、分別し、手段化してやみません。五逆・誹謗正法とは、他の誰でもないわれわれ自身のことです。そのように一如の真実に背いて生きざるを得ないわれわれに、「一如に帰れ」「一如の世界に生きよ」と、一如のいのちそのものが呼びかけているというのです。それが如来の大悲です。如来は「南無阿弥陀仏」（浄土に生まれよ）と呼びかけています。浄土は如来の大悲心そのものなのです。

如来の作願《さがん》をたずぬれば
苦悩《くのう》の有情《うじょう》をすてずして
回向《えこう》を首《しゅ》としたまいて
大悲心をば成就せり

（如来の本願の根源をたどれば、如来は苦悩する生きとし生けるものを見捨てることなく、自分の力をさし向けることを第一にして、大慈悲心を成就されたのです）

〔『正像末和讃』聖典五〇三頁。（　）は筆者〕

一如に背くということは、一如の事実から逃げ出そうとすることです。
十方微塵《じっぽうみじん》世界の

念仏の衆生をみそなわし
摂取してすてざれば
阿弥陀となづけたてまつる
〔『浄土和讃』聖典四八六頁〕

このようにうたう時、その「摂取」について、親鸞は「摂はものの逃ぐるを追はへとるなり。摂はをさめとる、取は迎へとる」と、ていねいな左訓をほどこしています（『定本親鸞聖人全集』〈法藏館〉第二巻、五一頁）。

これは、一如真実のはたらきの人格的表現である如来の大悲が、一如の真実に背いて生きるわれわれをおさめとるまで追いかけてやまない、ということを意味します。一如の大地から根こそぎになって生きるわれわれに、「大地に帰れ」と呼びかけているのです。それが如来のお心、ナンナさんのお心なのではないでしょうか。われわれは、そのお心の中に生かされているのです。そこに浄土があると言えるのではないでしょうか。

5 いのちの大地

浄土真宗の伝統は、人の死を単に「死亡」とは言わず、「還浄《げんじょう》」とか「浄土に帰る」とか言いならわしてきました。「帰る」ということは、もともとそこから「来た」ことを意味しています。では、人間がそこから来てそこに帰るという意味での「浄土」とは、はたしていかなる場所であるのでしょうか。

生死の教え

この問いに対する一つの答えは、道元の『正法眼蔵』「生死」の中にあるように思われます。

この生死はすなはち仏の御いのちなり。これをいとひすてんとすれば、すなはち仏の御いのちをうしなはんとするなり。これにとどまりて生死に著すれば、これも仏のいのちをうしなふなり、仏のありさまをとどむるなり。いとふことなくしたふことなき、このときはじめて仏のこころにいる。

〔道元『正法眼蔵』「生死」（大正新脩大蔵経）。傍線は筆者〕

われわれは、生死するいのちを生きる者です。そのいのちは私のいのちではなく、仏の御いのちだというのです。「生死はすなはち仏の御いのちなり」。この法語について、鹿児島香草会の小田正治氏は「不可思議なる絶対の力が、その内在的必然性によって、任運《にんぬん》に法爾《ほうに》にまさにこのとき、この位置に凝集し、あらわに形あるものとして顕現したものがこの生死である。……まことに「自己の稟受《ひんじゅ》は無限他力の表顕なり」である」〔『真実に生きる』（文栄堂）下巻、一三頁〕と解釈しています。ここで小田氏の言う「不可思議なる絶対の力」とは、時間的・空間的に縦横無尽である縁起の事実（一如の真実）を意味する言葉ではないでしょうか。

生死は人間にとっては分断生死の迷いですが、仏にとっては一如の真実です。われわれは、生死一如である仏の御いのちを与えられ、仏の御いのちに生かされて生きています。これを厭《いと》い捨てようとすれば仏の御いのちを捨てることになり、逆にこれに執着《しゅうちゃく》すればそれもまた仏の御いのちを私物化してそこなうことになるのです。そこで道元は「生死としていとふべきもなく、涅槃としてねがふべきもなし。このときはじめて生死をはなるる分あり」〔『正法眼蔵』「生死」〕と言うのです。捨てようともせず、執われもしない、与えられたいのちを与えられたままに頂いて生きる、その時初めてわれわれは生死をはなれて「仏のこころにいる」（仏さまのお心の中に生きる）というのです。言い換えれば、自我意識を超え分別知を離れる時、自然に生死の迷いから解放されるというのです。

いのちの教え

同じことを言われているのかもしれませんが、人間がそこから来てそこに帰るという意味での「浄土」とはいかなる場所か、この問いに対するもう一つの答えは、信國淳先生の「いのちの教え」の中にあります。

われら
皆共に
安んじていのちに立たむ
いのちすなわち
念仏往生の道なればなり

〔信國淳『いのち、みな生きらるべし』（樹心社）〕

と先生は呼びかけられています。

この先生の「いのちの教え」によれば、われわれは生死一如のいのちを与えられて生きているというのです。にもかかわらず、われわれの自我意識は、その与えられたいのちを私物化し、生と死に分断し、死を排除して生のみを求めようとするというのです。いのちの道理に背《そむ》き、デラシネ（いのちの大地から根こそぎになった者）として生きようとするというのです。いのちから遊離して迷い出たわれわれの自我意識に、いのちは「生死一如のいのちに帰れ。生死一如のいのちに帰って生死一如のいのちを生きよ」と呼びかけているというのです。そのいのちの召喚《しょうかん》を受けて、「われら　皆共に　安んじていのちに立たむ　いのちすなわち　念仏往生の道なればなり」と先生は呼びかけられたのです。そこに立つだけでよいのです。もともと生死一如のいのちを生きているのですから。

われわれは、生死一如のいのちから生まれ、生死一如のいのちへと帰って行きます。「帰命」は、命に帰ると読むこともできます。それはあたかも、水面に生じた泡沫《ほうまつ》が、やがてはじけて水に戻るようなものです。そこに浄土があると言えるのではないでしょうか。浄土は人間存在の根拠であり、故郷でもあります。みな一如という浄土から生まれているのです。みな一如という浄土に帰るというのです。もともと浄土に生きているのです。自我意識が浄土を穢土化しているだけなのです。

自我意識を持たない草花は、与えられたいのちを与えられたままに生きています。春に

料金受取人払郵便

京都中央局
承　認

5829

差出有効期間
2025年2月
22日まで

(切手をはらずに
お出し下さい)

郵便はがき

6008790

110

京都市下京区
正面通烏丸東入

法藏館 営業部 行

愛読者カード

本書をお買い上げいただきまして、まことにありがとうございました。
このハガキを、小社へのご意見またはご注文にご利用下さい。

お買上 **書名**

＊本書に関するご感想、ご意見をお聞かせ下さい。

＊出版してほしいテーマ・執筆者名をお聞かせ下さい。

お買上 書店名	区市町	書店

◆新刊情報はホームページで　http://www.hozokan.co.jp
◆ご注文、ご意見については　info@hozokan.co.jp

23.02.50000

ご氏名《ふりがな》	年齢　　歳	男・女
〒□□□-□□□□ ご住所	電話	
ご職業（ご宗派）	所属学会等	
ご購読の新聞・雑誌名（ＰＲ誌を含む）		

ご希望の方に「法藏館・図書目録」をお送りいたします。
送付をご希望の方は右の□の中に✓をご記入下さい。　□

注 文 書

月　　日

書　　名	定　価	部　数
	円	部
	円	部
	円	部
	円	部
	円	部

配本は、○印を付けた方法にして下さい。

イ．**下記書店へ配本して下さい。**
（直接書店にお渡し下さい）

（書店・取次帖合印）

書店様へ＝書店帖合印を捺印の上ご投函下さい。

ロ．**直接送本して下さい。**
代金（書籍代+送料・手数料）は、お届けの際に現金と引換えにお支払下さい。送料・手数料は、書籍代計16,500円未満780円、16,500円以上無料です（いずれも税込）。

＊お急ぎのご注文には電話、ＦＡＸもご利用ください。
電話 075-343-0458
FAX 075-371-0458

（個人情報は『個人情報保護法』に基づいてお取扱い致します。）

芽を出し夏に花咲き、秋に実を結んで、冬には枯れて大地に帰ります。ところが人間は、自我意識を持つばかりに、与えられたいのちを自分の所有物として握りしめようとします。しかしいのちはもともと与えられたものゆえ、いつかはお返ししなければなりません。それが死ぬということです。もともと生死一如なのですから、死なないわけにはいきません。誰しも必ず死ぬのです。「いのちはあなたのものではない、いのちはいのち自身のものだ」と、いのち自身が自己を主張しているのです。いのちの大地から遊離し、根こそぎになって生きているわたしたちに向かって、いのちそのものが、「いのちの大地に帰れ」と呼びかけ、はたらきかけているのです。そのいのちそのものを人格化したものが阿弥陀仏です。その呼びかけが届くところ、そのはたらきがはたらく「場所」が、何処であっても浄土なのです。

浄土真宗は、人の死を、単に「死亡」とは言わず、「浄土に帰る」と言い伝えてきました。「帰る」ということは、もともとそこから「来た」ということでもあります。つまり人間は、生死一如のいのちから生まれ、生死一如のいのちに帰るのです。生まれた時から「帰ってこいよ」と呼ばれています。いつも呼ばれているのです。

（『崇信』第五四〇号〈二〇一六年一月〉収載）

百名山

1 なぜ山に登るのか

日本百名山

百名山を踏破《とうは》しようと思い立ったのは、定年退職した時のことです。若いころから登山を始め、定年を迎えるころには、ほぼ半分登っていました。このまま一年に五山ずつ登れば、十年で制覇できるだろうと考えたのです。

二〇一四年は、『日本百名山』が出版されてから五十年目の記念の年でした。できれば年内に登り切りたいと思っていました。十月二十八日、伯耆大山《ほうきだいせん》の山頂に立ち、四十年かけてようやく百名山登頂を達成しました。前夜から大陸の寒気が流れ込み、頂上直下の樹林帯は霧氷でキラキラ輝いていました。その向こうに日本海が広がり、遥かに隠岐島の島影も望むことができました。

百名山といわれる山がもともとあったわけではありません。作家の深田久弥が一九六四年に『日本百名山』という本を新潮社から出版し、これが一躍脚光を浴びて世間に認識されるようになったのです。何千何万という山々の中から、深田は山の「品格」、山の「歴史」、山の「個性」を基準に百の山を選んだといいます。

初めての山

最初に登ったのは西穂高岳でした。洋画家の母娘と上高地へスケッチ旅行に出かけた夏の日、一片の雲もない晴天で、穂高連峰が眼前に屏風のように聳《そび》えていました。同行の三人が絵を描く間、何の装備もないまま、無謀にも妻と二人で西穂へのピストンを試みたのです。途中で一緒になったパーティーに天狗のコルから岳沢《だけさわ》に下るルートを勧められ、行ってみることにしました。ところがいざ下り始めると、急峻なガレ場は一足ごとに崩れ、思うように進めません。途中で陽も沈み、闇の中を遠い山小屋の灯を目指して歩きました。にわか雨に打たれ、藪漕ぎに傷つきながら、ようやく小屋にたどりついたのは、夜の九時過ぎでした。「これは遭難です」と、管理人にこっぴどく叱られました。

それぞれの山には、それぞれの思い出があります。同僚と登った山もあれば、家族で登った山もあります。しかし、若いころは、ほとんどが単独行でした。それは今にして思えば、生きている虚しさと深い関わりがありました。

苦行の山

人生に翳《かげ》りが生じたのは、高校二年生のころでした。自我の目覚めとともに、生きていることに不安や虚しさを感じ始めたのです。気がつけば、意味のない繰り返しの毎日、自分が自分の全体を賭けて生き得るようなものが、何処にも見当たらなくなっていました。生きることの意味を求めて教会に通い、文学書を読み漁《あさ》りました。しかし、空虚な心を充足させるものは何処にもありませんでした。

登山を始めたのもそのころのことです。懐《ふところ》にはカミュの『シジフォスの神話』（新潮文庫）を聖書のように携えていました。「ああ我が魂よ、不死の生を求むる勿《なか》れ、寧ろ可能の領域を窮めよ」という言葉が、その冒頭に記されていました。

ギリシャ神話によれば、シジフォスは死神を鎖に繋いだために神々の怒りを買い、巨大な岩を山頂まで押し上げる刑罰を課せられました。意味のない労働ほど苦しいものはないということを、神々はよく知っていたのです。シジフォスが山頂まで押し上げた途端、岩はそれ自身の重さで再び麓まで転がり落ちて行きました。シジフォスは休む間もなくまた麓へと下りて行きます。そして再び山頂へと岩を押し上げるのです。無益で意味のない労働、それはあたかも、「死への生」を虚しく生きる人生そのもののように思われました。それでもシジフォスは死を拒《こば》み、あえて地上に止まって虚しさを引き受けて生きようとします。そこに不条理を生きる反抗的人間の生の証《あかし》があるということを、カミュは言おうとしていました。

登った山は必ず下りなければなりません。登ることによって、わたしもシジフォスと同じ苦悩を背負おうとしたのです。下りなければならない山にあえて登ることによって、虚しさを確かめようともしていたのです。

百の頂

しかしその反面、山に入ると、自然と一体化するような安らぎも覚えました。谷川のせせらぎ、高山植物、風、何処までも続く稜線、紺碧《こんぺき》の空、大いなるものに抱かれている安《あん》堵《ど》感がありました。星空を仰ぐと、宇宙と一体化している自分を感じました。体力のすべてを出し尽くして山頂に身を投げ出すと、空に吸い込まれてゆくようでした。そしてそのようなひと時、たとえ一瞬ではあっても、私は確かに虚しさから解放されていたのです。

若き日の山行きは、私にとっては苦行であり、その苦行の代償としてのつかの間の解放感でもありました。しかし、登った山は必ず下りなければなりません。登山は根本的に虚しいのです。だからまた、登りたくなるのです。

深田久弥は「百の頂に百の喜びあり」という言葉を残しました。私はそれに続けて、「百の頂に百の喜びの消滅あり」と付け加えなければなりませんでした。

2 山の向こう

百迷山

子どものころは、山を制覇しようなどという意識はありませんでした。山が好きだっただけです。子どもたちの間では、「山学校」という特別な意味を持つ言葉もありました。学校をさぼって一日中山の中で遊ぶのです。蔦にぶら下がってターザンごっこをしたり、高い木に登って遠くを眺めたりしました。洞窟を探検したり、腹が減れば、あけびやぐみ、蜂の子を探して食べたりしました。下校時刻になると、平気な顔をして家に帰るのです。

しかし、百名山を制覇しようと考え始めたころから、山は征服の対象になりました。征服すると、その山は姿を消し、そこには肥大化した自我意識の満足感が残りました。「制覇」とか「踏破」とか「征服」とか「達成」とかいう言葉には、「俺が」「俺が」という慢心が付いて回り、結局自慢になってしまうのです。

悲しきかな、愚禿鸞《ぐとくらん》、愛欲の広海に沈没《ちんもつ》し、名利《みようり》の太山《たいせん》に迷惑して、定聚《じょうじゅ》の数に入ることを喜ばず、

（悲しいことだこの愚かな親鸞は！　愛欲の海に溺れ、名誉や所有欲の山中に迷い、悟りを得ると定まった人びとの仲間に入ろうともしない）

〔『教行信証』信巻、聖典二五一頁。傍線、（　）は筆者〕

最後に登った百名山は、奇しくも「大山」でした。無論、親鸞が伯耆大山を念頭に置いたはずはありません。しかし私の山行きは、まさに「名利の太山に迷い」続けて、挙句の果てに「大山」に至ったということになります。

十阿弥陀

九十八座目は、戸隠高原の高妻山でした。滝の流れ落ちる岩場を鎖を摑んで攀じ登り、絶壁を伝い渡り、二時間余りでようやく一不動という稜線に出ました。戸隠の岩峰群を家来のように従えて聳え立つ高妻山は、古来修験道の道場にもなっていて、一不動、二釈迦、三文殊、四普賢、五地蔵とピークごとに祠《ほこら》が置かれ、仏・菩薩が祀られていました。頂上までは十のピークを越えて行かなければなりません。六弥勒、七薬師、八観音、九勢至と

踏破して、最後は一時間余りの急登となります。木の根や岩の裂け目に手を掛け、渾身の力で攀じ登ります。精根尽き果て、意識朦朧とした状態でようやく頂上にたどりつくと、不意に視界が開け、そこが十阿弥陀でした。阿弥陀の向こうには、果てしない虚空が拡がっていました。阿弥陀はa-mita（unlimited）であるがゆえに、実体化し、固定化し、所有することを許しません。つまり、虚空なのです。

この山行きは、私にとっていかにも象徴的なものとなりました。百名山を達成したら、深い充足感に充たされるだろうと思っていました。ところが達成してみたら、登る楽しみを失っていました。私が登るものである限り登山は虚しいのであると、改めて教えられました。私そのものが虚しいのです。

山は友達

松本に住む友人は、北アルプスの麓に暮らしながら、未だ山に登ったことがないといいます。山は友達なのだというのです。なるほど、友達だったら征服したりはしないでしょう。とっさに、鈴木大拙の言葉を思い出していました。金沢の鈴木大拙館を訪ねた時のことです。そこで、「登山に成功したら、山と仲よしになったと何故云わないのか」という言葉に出遇いました。思いがけない言葉でした。いかにも大拙らしい言葉でもありました。

吾々東洋人は自然を敵対力という形で考えたことはこれまでなかった。反対に、自然は自分達には不断の友人・伴侶であり、この国土には屡々《しばしば》地震を見舞わせたが、なお絶対に信頼するに足るとしてきた。征服という観念は忌まわしい。登山に成功したら、「山と仲よしになった」と何故云わないのか。征服するべき対象を探し求めるのは自然に対する東洋的態度ではない。〔『鈴木大拙全集』（岩波書店）、第一一巻、一七七頁〕

「征服という観念は忌まわしい」とまで大拙は言います。山は、征服するようなものではないというのです。山に登っても虚しいのは、そこに自分しか存在しないからなのです。征服してしまったら、征服したという自我意識だけが残って、当の山が無くなってしまうのです。

啄木は、「ふるさとの山に向ひて　言ふことなし　ふるさとの山はありがたきかな」〔日本詩人全集8『石川啄木』「一握の砂」（新潮社）、五五頁〕とうたいました。俳句には、「山笑う」という春の季語もあります。「あなたと呼べばあなたと答える　山のこだまのうれしさよ」〔玉川映二作詞「二人は若い」（Uta-Net）〕という流行歌もありました。山と自分との呼応の関係、こだまとして響き合う関係の中でこそ、山も自分も初めて共に存在し得るのではないでしょうか。

大拙の言葉に出遇って、私はなぜか、自分が叱られているように感じました。山に登るということは、山と一体化することです。ところが山を対象化し、征服しようとするところには自分の征服欲の満足があるだけで、もはや山というものは存在しないのです。鈴木大拙は、その慢心を叱っているのです。

3 ふるさとの山

山の思い出

私の故郷には、筑波山系につながる加賀田山や難台山、吾国山などの山々があります。いずれも標高三百から五百メートル台の平凡な山ですが、その麓《ふもと》で過ごした少年の日の思い出は、今もその山々と共にあります。春には蕨《わらび》、秋にはあけびやキノコを採り、冬は鳥籠を持ってメジロを追いました。夏休みの宿題の絵には、いつも庭先から見える加賀田山を描きました。その山の向こうに母のふるさとがありました。小学四年の時、詩の宿題が出て、書きようがなくて母に相談すると、「山の向こうのおばあちゃん今ごろどうしているだろう。それで詩になる」と教えられました。それをそのまま書いて提出しました。

小学校の校歌には「みどりにもえる加賀田山」〔笠間市立宍戸小学校校歌〕とうたわれ、中学校の校歌には「難台の緑を分けて限りなき歓び来る」〔笠間市立友部中学校校歌〕とうたわれていました。朝な夕な、四季折々にその山々を仰いで暮らしました。

啄木はうたいます。

汽車の窓
はるかに北にふるさとの山見え来れば
襟《えり》を正すも

ふるさとの山に向かひて
言ふことなし
ふるさとの山はありがたきかな

〔日本詩人全集8『石川啄木』「一握の砂」（新潮社）、五四～五五頁〕

ふるさとの山は、啄木にとって「襟を正して」対すべきものであり、無条件に「ありがたき」ものでもありました。征服するようなものではなくて、仰ぐものでありました。修験道《しゅげんどう》の行者は頂上を踏まないという話をつい最近聞いて、なるほどと思いました。頂上は、神々の降り立つ神聖な場所であったのです。

嬉しい時も、悲しい時も、山はいつもそこに在って、無言のままわれわれを見守ってくれています。それは、自分のすべてを知りつくしている何者かです。愚かで無力な私を痛み、悲しみ、励ましてくる何者かなのです。

いのちのペース

昨年宇佐市勝福寺坊守の藤谷純子さんから頂いた「かざはな通信」(三四号)に、次のように記されていました。

二〇一三年より二年余りかけてようやく別院の瓦の葺《ふ》きかえが完了し、素屋根の解体作業が始まりました。炎暑の中鉄骨の足場組みをしていた人びとの姿や土台固めの地味な仕事をコツコツと積み重ねていたご苦労があっての壮大な瓦葺き完成なのでした。五月十二日は由布岳の山開き。久しぶりに登りました。下りて仰げば高い山頂まで一歩一歩身を運んだのでした。そして今、私は、二男信《まこと》が得度式を受けるので、白衣を縫《ぬ》っています。これも一針一針の仕事です。九十一歳の母も縫ってくれています。

一つ一つ　一歩一歩　一針一針そして一息一息、これがいのちのペースなのだナと頷いています。南無阿弥陀仏

「いのちのペース」という言葉に、深く感ずるものがありました。いのちにはペースがあったのです。それは「いのちのペース」であるがゆえに、自然のペースなのです。ス

トップウオッチで計られ調整されるようなペースではありません。われわれの思いを超えた、いのちそのもののペースなのです。

理想的な山の登り方は、各人の身体のペースに合わせて登ることだといわれます。焦って登れば呼吸は苦しくなり、たちまちばててしまいます。自分の身体のペースで、一歩一歩、一息一息登るのが一番良いのです。ＮＨＫテレビの「ためしてガッテン」という番組でしたか、声には出さずとも童謡を歌いながら登るのが「ばてない秘訣《ひけつ》」であると聞いて、私もいつの間にか童謡を歌いながら登るようになりました。しかもそれは、私の場合「ののさま」（仏さま）という歌なのです。

のんのののさまほとけさま
わたしのすきなかあさまの
おむねのようにやんわりと
だかれてみたいほとけさま
のんのののさまほとけさま
みあかしあげておがむとき
おすがたみえてきらきらと
ごこうのひかるほとけさま

［山田静作詞「ののさまのうた」］

この歌を繰り返し歌いながら一歩一歩足を運んでいると、どんなに長い登りでも、いつの間にか頂上に立っているのです。

頂上への一歩　頂上からの一歩

いのちの歩みは、「いのちへの歩み」ではなく「いのちからの歩み」です。「いのちへの歩み」は自力の歩みであり、「いのちからの歩み」は、絶対他力の大道です。山に登ろうとする「頂上への一歩」は難行苦行の一歩であり、気の遠くなるような遥かな頂への一歩ですが、山に呼ばれて登る「頂上からの一歩」は、一歩一歩がすでに頂上に直結する一歩であり、その一歩一歩が頂上につながっている一歩一歩なのです。例え途中で行き倒れになっても、倒れた場所が頂上につながっているのです。修証一等《しゅしょういっとう》（修行と悟りを区別しない、修行は悟りの手段ではない）ということです。

山は呼んでいる。呼ばれて山に登るのです。将棋でいえば、文字どおり「歩《ふ》」です。一歩ずつしか進めません。しかし、山の呼び声を聞く時、「歩」は「歩」のままで、不思議にも「飛車」「角」に変身します。そこに「いのちの歩み」の不思議があるような気がします。

（『崇信』第五四三号〈二〇一六年四月〉収載）

合掌の道

1

蓮如上人御影道中「御下向」の記

――京都から吉崎へ――

二〇一九年（令和元）五月二日から九日までの八日間、蓮如上人御影道中《ごえいどうちゅう》（御上洛《ごじょうらく》）に参加して、御輿車《おこしぐるま》の綱を引かせていただきました。自宅に戻った翌日、宮森忠利氏からお電話があり、さっそく道中記を記すことになりました。

実は昨年（平成三十年）も、四月十七日から二十三日までの七日間、御影道中（御下向《ごげこう》）に参加していたのです。これで、全行程を歩かせていただいたことになります。思いつくままに、道中の印象を記してみたいと思います。

吉崎御坊の起源

一四六五年（寛正六）、延暦寺の衆徒《しゅと》により大谷廟堂が破却されました（寛正《かんしょう》の法難）。

蓮如上人は、近江の堅田、金森などを転々とした後、一四七一年〈文明三〉越前国吉崎《よしざき》（現在の福井県あわら市）に新しい布教の拠点を求めました。『御文《おふみ》』には、

文明第三、初夏上旬のころより、江州《ごうしゅう》志賀郡《しがのこおり》大津三井寺南別所辺より、なにとなく、不図《ふと》しのびいでて、越前・加賀、諸所を経回《けいかい》せしめおわりぬ。よって、当国細呂宜《ほそろぎの》郷内《ごうのうち》吉崎《よしざき》というこの在所、すぐれておもしろきあいだ、年来虎狼《ころう》のすみなれしこの山中をひきたいらげて、七月二十七日より、かたのごとく一宇を建立して、昨日今日とすぎゆくほどに、はや三年の春秋はおくりけり。〔聖典七六八頁〕

とあります。吉崎の地名はもとより、細呂木のバス停なども今に残っています。

以来、一四七五年〈文明七〉八月に退去するまでの四年間、上人はここで『御文』を書き、「正信偈」や「和讃」を開板して精力的な布教活動を展開しました。加賀・能登・越中・信濃から多くの参詣があり、吉崎は一大宗教都市に発展したといわれます。

蓮如道中の始まり

それは、約五百五十年もの昔のことなのですが、吉崎別院では今も毎年四月二十三日から五月二日までの十日間、蓮如上人御忌法要《ぎょきほうよう》（蓮如上人の御命日法要）が勤修《ごんしゅ》されています。それに合わせて京都の真宗本廟から吉崎まで、上人の御絵像をリヤカーに乗せてお運

びします。リヤカーとはいっても、お厨子のような華やかな仕立てで、その中に御絵像の入った箱を納め、一〇メートルほどの二本のロープで引いて運ぶのです。琵琶湖西岸を経て標高六二八メートルの木ノ芽峠を越え、今庄・武生・鯖江・福井を経て吉崎に至る二四〇キロメートル、六泊七日の行程は、「御下向」といわれます。

吉崎に到着した御絵像は吉崎別院の本堂に掲げられ、十日間の法要の後、今度は琵琶湖東岸を経て二八〇キロメートル、七泊八日かけて京都の真宗本廟に戻ります。これを「御上洛」といいます。

江戸時代中期に始まったこの宗教行事は、第二次世界大戦中も中断することなく続けられ、昨年三四五回目を迎えていました。往復合わせて五二〇キロメートルの道程を、御影を乗せたリヤカーを引いて歩くことは、私の長年の夢でありましたが、ついにその夢を実現する時が来ました。

御下向第一日

一日目は、真宗本廟阿弥陀堂での御下向式のあと午後一時半に本廟を出発、山科を経て大津に向かいました。最初に立ち寄った閑栖寺《かんせいじ》の掲示板に、

弥陀をたのめば、南無阿弥陀仏の主になるなり　〔『蓮如上人御一代記聞書』、聖典九〇〇頁〕

という上人の言葉が記されていました。弥陀に何かをたのむのではない。「弥陀をたのめ」というのです。いきなり、禅の公案を突きつけられたような気がしました。「弥陀をたのむ」とはどういうことか、この言葉が道中の私の課題となりました。

逢坂関あたりで雨が降り出し、靴擦れで足裏全体に大きなまめ（水腫）ができてしまいました。幸い大分県の御同行が針先で水を抜き、てのひら大の絆創膏とテーピングでしっかり手当てをしてくれたので、なんとか最後まで歩き続けることができました。

一日目の宿泊先は、大津市堅田の等正寺、本堂の畳の上に布団を敷いて、三十名の雑魚寝です。風呂には入れず、ぶるぶる震えながら一夜を明かしました。

御影道中の先達に後藤金三郎という方がいたそうです。同行の中でその名を知らぬ人はいないほどの有名人ですが、残念ながらお会いすることはできませんでした。この方は夜も本堂には泊まらず、必ず縁の下のような所に一人離れて寝るのだそうです。蓮如上人の御苦労を偲べば、本堂に寝泊まりするなど「もったいない」というお気持ちがおありになったのでしょうか。

道中「足が痛い」「疲れた」などと愚痴をこぼすことはタブーであると、或る御同行に言われました。たんなるウオーキングや物見遊山の旅ではない。蓮如上人の御苦労を偲び、蓮如上人のお供をして歩くのだというのです。

二日目は、朝から雨が降りました。四時半起床、布団を畳んで五時朝食（おにぎり二個）、五時半本堂で勤行、カッパを着て六時に等正寺を出発、高島町最勝寺まで四一キロメートルの行程です。お昼の会所《えしょ》（道中が立ち寄る寺院や民家）は殉教者堅田源兵衛ゆかりの光徳寺（大津市本堅田）、境内に、息子源兵衛の首を切り落とそうとする父源右衛門の銅像がありました。

堅田源兵衛

一四六五年（寛正六）、比叡山延暦寺衆徒による本願寺破却に遭った蓮如上人は、親鸞聖人の御真影（木像）を三井寺に預けて近江を転々とし、吉崎に逃れました。その後、一四八〇年（文明十二）の山科本願寺建立に際し、その御真影をお迎えしようとしたところ、生首二つの交換条件を持ち出されたのでした。それを聞いた光徳寺門徒源兵衛は、父源右衛門に自分の首を討たせました。そして源右衛門は、その首と共に自らの首を差し出し、これをはねよと申し出たのです。三井寺はその殉教心に感じ入り、即座に源兵衛の首もろとも御真影を差し返したといいます。その堅田門徒の心意気は、一子イサクを屠《ほふ》ろうとする『旧約聖書』のアブラハムの物語を髣髴《ほうふつ》とさせるものがありました。

「弥陀をたのめば南無阿弥陀仏の主になるなり」という閑栖寺の掲示板にあった言葉を

思い出しておりました。

「弥陀をたのむ」ということ

歩きながら考えました。「弥陀をたのむ」とはどういうことか？　「弥陀にたのむ」のではない。「弥陀をたのむ」とは、弥陀にたのもうとする自我そのものを、弥陀の前に放擲《ほうてき》することを意味する言葉ではなかろうか。だが、お前は源兵衛のように、阿弥陀さんの前に身命をささげることなどできるのか？　自問しつつ歩きました。

そもそも阿弥陀さんとは何なのか？　方便法身というではないか。万物一体、一如の真実から「かたち」をあらわしたものが阿弥陀さんだというではないか？　では、「弥陀をたのむ」とはどういうことか？

「一切は縁において生まれ、縁においてあり、縁において去っていく」〔宮城顗『生と死』（東本願寺出版部）〕。或るお寺の掲示板には、そう記されていました。それならば「弥陀をたのむ」ということは、縁起存在としての自己、歴史的社会的存在としての自己を自ら生きるということになるのではないのか？　縁起としての人間関係、縁起として成り立っている世界と一体になって生きるということになるのではないか？　それが、「弥陀をたのむ」ということではないのか？　だが、そんなことがお前にできるのか？　源兵衛の捨身の事実の前に、すべての思弁はただの観念として色あせていくのでした。

三日目は琵琶湖沿いに国道一六一号線を北上、高島市マキノの栄敬寺へ。このあたりで琵琶湖を離れ、四日目夕刻、敦賀市新保《しんぼ》の意力寺《いりきじ》に到着しました。

天狗党終焉の地

新保は木ノ芽峠の麓にあり、二十八世帯、人口八十二人（当時）の過疎地域です。この集落に、幕末の水戸藩天狗党を率いた武田耕雲斎（一八〇三〜一八六五）逗留の陣屋跡があって、驚きました。

話が横道にそれますが、水戸藩士藤田東湖の四男小四郎は一八六四年（元治一）、尊王攘夷の旗を掲げて筑波山で挙兵、耕雲斎はこれを諫めますが、逆に請われて首領になり、勤皇の志士八百余名と共に中山道から新保に入り、宿陣を張りました。しかし幕府側の攻撃は激甚を極め、雪にも進路を阻まれて、ここで進退窮まって加賀藩に降伏したのです。三五二名が敦賀で斬首、耕雲斎の妻、二人の子、三人の孫まで切り殺される悲劇となりました。

激動する歴史の奔流に呑み込まれた非業の死を、意力寺の御本尊は静かに見守っているように思われました。その前で蓮如上人の御絵像と共に、一夜を明かしました。

その夜は、新保公民館で集落の人びとの心尽くしの夕飯を頂き、何軒かの民家に分かれてお風呂をもらいました。私がお世話になったお宅は、今でも薪で焚く五衛門風呂で、風呂あがりにはお茶を飲みながら当家の御主人の昔話を伺いました。私が水戸の生まれであることを明かすと、「御縁やねえ」と目を丸くして驚いておられました。

木ノ芽峠

五日目、難関の木ノ芽峠越えです。標高六二八メートル。若狭と越前を隔てる北陸街道の難所で、かつて流罪に遭った親鸞聖人も、永平寺開山道元禅師も、日蓮上人も蓮如上人も、信長や秀吉も、松尾芭蕉も、みんなこの険しい峠を越えたといわれます。

リヤカーは入れないので、ここからは一人ひとり交代で御絵像の入った箱を担ぎました。足を踏み外せば谷底に転落しそうな急斜面を過ぎて峠道を登りつめると、一軒の茅葺きの茶屋がありました。慣例により、ここからは二十代目の当主が「言うな地蔵」(言奈地蔵)まで一行を案内してくれました。四月下旬というのに、峠にはまだところどころ雪が残っていました。

言うな地蔵

「言うな地蔵」には「いわれ」がありました。福井県観光連盟の案内書によれば、むかし馬方の権六がそこで旅人を殺して財布を奪ったのです。犯行後、誰かに見られていなかったかとあたりを確かめると、そこにお地蔵さまが立っていました。権六が「言うなよ」と睨みつけると、なんとお地蔵さまが「地蔵言わぬがわれ（おまえ）言うな」と言ったというのです。権六はたまげて山道を駆けくだりました。しかし地蔵のその言葉は、ずっと権六の心に残りました。

数年後、旅の若者を案内して再びそこを通りかかった時、権六は感極まってお地蔵さまにひれ伏し、懺悔の涙を流したといいます。不審に思った若者が訳を訊ねると、権六は犯行の一部始終を話しました。ところがその若者こそ、父の仇《かたき》を探す被害者の長男であったのです。権六は仇討ちに遭いました。

誰が詠んだのか、お堂の柱に短冊が掛けられていました。

うぐいすや言うな言うなと言う地蔵

合掌の道

「蓮如上人様のーおとおりー」。供奉人《ぐぶにん》の声に合わせて、自主参加者も「おとおりー」と声をあげます。すると、集落の小道から二人また三人と村人が姿を現し、小走りに近づいてきて供奉人にお布施を渡します。その姿は、さながら時代劇の映画の一シーンを見るようでした。

田んぼの向こうの土手に、ひざまずいて合掌《がっしょう》しているお婆さんがおられました。目が合うと、思わずお念仏が口をついて出てくるのでした。およそ人間の姿かたちの中で合掌ほど尊く美しい姿は、ほかにないのではないでしょうか。

畑のそばを通ると、ご婦人が草取りの手を休めて合掌されました。畑を隔てた老人ホームの二階のベランダには、七、八名の老人が一列に並んで合掌しておられました。

子どものお布施もありました。子どもといえば、大人が小遣いを与えるものとばかり思っていましたので、お布施をする子どもたちの姿には、新鮮な感動を覚えました。

少女たちは、庭先の花を摘んで御輿を飾ってくれました。蓮如道には、江戸時代から今日に至るまで、脈々とお念仏の伝統が受け継がれているのでした。蓮如道は合掌の道でありました。

報謝の道

御下向六日目、武生から鯖江を経て福井市内に入りました。この辺りから会所《えしょ》も急に増えて、数百メートル、一、二キロメートルごとのお立ち寄りになります。夜八時、福井別院到着。最終日の七日目も、十五か所の会所に立ち寄りながら、ゴールの吉崎を目指しました。

坂の下観音堂（あわら市金津）は、文字どおり坂の下にある簡素なお堂でした。八畳ほどの陜《せま》いお堂ですが、中に入ると、三十三体の観音像が奥壁全面に三段にわたって安置され、如意輪観音、地蔵菩薩、不動明王もいて、荘厳な雰囲気がありました。

お堂の中に、八十代から九十代と思われる十名ほどのお婆さんが、御輿の到着を待っておられました。この地に生まれて、あるいはこの地に嫁いできて、以来ずっとこのお堂を守ってこられたのでしょう。どこのお立ち寄り所にも、多くのお婆さんの姿がありました。

それ十悪・五逆の罪人（殺生・偸盗・邪淫等の十悪や母・父・聖者殺害等の五逆罪を犯した人）も、五障・三従の女人（五つの障りを持ち父・夫・子に従属する女性）も、むなしくみな十方三世の諸仏の悲願にもれて、すてはてられたるわれらごときの凡夫なり。しかればここに弥陀如来ともうすは、……われひとりたすけんという超世の大願をおこして、われら一切衆生を平等にすくわんとちかいたまいて、無上の誓願をおこして、すでに阿弥陀仏となりましましけり。

［『御文』聖典七八五～七八六頁。（　）は筆者］

このように「十悪・五逆の罪人、五障《ごしょう》・三従《さんしょう》の女人《にょにん》」を「われら」と言われた蓮如上人の言葉は、封建制の下で虐げられて生きていた女性の心に、ことさら深く響いていたのではないでしょうか。

宿場に入ると、軒先に家族が出ていました。お婆さんは車椅子、息子夫婦に両手を支えられたお爺さん、お孫さんも見よう見まねで小さな掌を合わせています。

会所になる民家の鴨居の上には、さまざまな遺影が掛けられていました。軍服の遺影もありました。子どもの遺影もありました。それぞれの家にそれぞれの歴史があり、それぞれの人にそれぞれの人生がありました。元気な人もいれば病んでいる人もいました。その表情は、一人ひとり独自の、写真家であれば一枚一枚写真におさめたくなるほど深い表情で、しかもその合掌の姿全体が寂《しず》かなのです。それぞれの宿業を引き受けて一片の不足もありません。何かを求めて祈っているのではないのです。ただただ仏恩報謝。そこには深い満足が感じられました。ほかには何もいらないのです。なむあみだぶつ、なむあみだぶつ。

蓮如道は合掌の道でありました。それは同時に報謝の道でもありました。だからこそ、三四五年もの間、絶えることなく続いてきたのでしょう。

お与え

嫁威《よめおど》しの谷を過ぎ、細呂木の最後の会所に着いたのは夕刻六時半でした。ここで提灯に灯をともし、峠を越えて一山向こうの吉崎を目指します。樹木が鬱蒼と生い茂る真っ暗な砂利道で、足裏全面に広がったまめが再び痛み出し、一足ごとに激痛が走りました。「最後にすばらしいご褒美が待っているぞ」という話を何度か先達に聞いておりましたが、その「ご褒美」の意味が、そこでようやくわかってきました。

峠にさしかかると、闇の向こうに竿灯が現れました。吉崎からのお迎えです。最後は町をあげての提灯行列の中、吉崎別院の石段を一気に駆け上がりました。夜八時、足を引きずり、顔をひきつらせて本堂に這い上がると、待ち構えていたお婆さんに声をかけられました。

「お与えやねえ」

はっとしました。そうか、お与えだったのか。この一言は、ずしりと胸に響きました。真宗本廟出発時は四十人ほどで綱を引いていましたが、吉崎までの完歩者は十二名でした。五辻信行輪番から完歩賞を頂きました。帰宅してテーピングをはがしてみると、両足の親指と人差し指の爪計四本が、すっぽり抜けていました。

（『崇信』第五八四号〈二〇一九年八月〉収載）

2

蓮如上人御影道中「御上洛」の記

――吉崎から京都へ――

一年が経って足の爪四本がようやく生えそろったころ、また蓮如上人御影道中《ごえいどうちゅう》の季節が巡ってきました。いつかは御上洛《ごじょうらく》もと考えておりましたが、たまたま今年、太田浩史氏が随行教導を務められ、同郷茨城の鷲元明俊氏（上宮寺住職）が宰領《さいりょう》、高畑淳氏が供奉《ぐぶ》人《にん》として御輿車《おこしぐるま》を引かれるというので、急遽今年も参加することにしました。

昨年の御下向《ごげこう》のころは、まだ気温も低く、木ノ芽峠にはところどころ雪も残っていましたが、御上洛に参加してみると、早くも初夏の陽気で、北陸街道にはさわやかなみどりの風が吹いていていました。寒い日もありましたが、晴天が続きました。蛙の声、小鳥のさえずり、道端のタンポポ、そして薫風。

吉崎御坊

都を追われ近江・北陸を転々とした蓮如上人は、一四七一年（文明三）、「細呂宜《ほそろぎ》郷《のごう》内《のうち》吉《よし》崎《ざき》というこの在所、すぐれておもしろきあいだ」として、吉崎を新たな布教の拠点にし、ここに道場を開いて四年間の精力的な布教活動を展開されました。

一四九九年（明応八）三月二十五日、上人は山科で八十五年の生涯を閉じられますが、それを知った吉崎の直参門徒は、三月二十五日に蓮如忌を持つようになりました（二十五日講）。その後、吉崎別院では毎年四月二十三日から五月二日の十日間、蓮如上人御忌法要《ぎょきほうよう》が勤修《ごんしゅ》されるようになり、一六七四年（延宝二）からはそのために真宗本廟の上人の御影をお迎え（御下向）し、お送り（御上洛）しているのです。

自主参加者の中には、御下向に引き続いて御忌法要に臨み、御上洛にも参加する方がいます。その場合は二十三日の長い道中になります。御上洛のみの参加者は、出発の前日までに全国各地から吉崎に集結します。私は五月一日の夕刻吉崎に入りました。

山門を上がると、三味線婆ちゃんの顕彰碑がありました。婆ちゃんは御忌法要の期間中、そこで三味線に合わせて和讃を歌い、投げ銭を集めては、それを全部本山に届けたといいます。まずはその碑にお参りしました。碑には、「地獄極楽丁半賭けて弥陀に取られて丸裸」と刻まれていました。

青年のころ、放浪生活の途上たまたま婆ちゃんに遇い、「あんた、一日一日ケリついてまっか？」と問われたことを思い出しました。今日死んでもいいと言えるような人生を、あなたは「イマ」「ココ」で生きていますか？　と問われていたのです。初めて出遇った念仏者でした。

御上洛第一日

五月二日、四時半起床。六時朝食、六時半勤行、法話。高楼の太鼓がびんびんと鳴り響くなか、七時半に吉崎別院を出発。

最初にたどり着いた会所は、細呂木の飯塚美代子さん宅でした。太田教導が、「ここに実如という名が書かれています」と、ボロボロになった『御文』の裏表紙を開いて見せてくれました。確かに実如と書かれています。蓮如上人の跡を継いだ本願寺九世、実如上人の直筆の『御文』です。文化財に指定されてもおかしくないような五百年前の『御文』が、当たり前のように一般の民家に受け継がれていることに、まず驚きました。

歩くサンガ

一般に会所の民家は「田」の字型の間取りになっており、襖を取り外せば三十～四十畳の広間になります。そこが聞法の道場であった何よりの証拠です。そこで「お講」が開かれました。仏壇も立派で、十畳間の壁面全体が仏壇になっているようなお宅もありました。
高座《こうざ》が用意されている会所もありました。一般の民家に高座があるということも、そこがかつて念仏の道場であったことを示すものです。高座があると、その空間は、さながら寄席《よせ》の雰囲気です。落語のような日本文化のもとには、真宗の「お講」があるということでした。

会所として受け継がれている民家は、まさに聞法の道場であったにちがいありません。到着すると、いったん御絵像をリヤカーから降ろして仏壇の前に安置し、当家の家族、隣近所の門信徒、そして道中の一行が一緒にお勤めをし、御法話を聞きます。するとそこは即座に道場となり、そこにサンガ（僧伽。修行者の集まり）が生まれます。太田教導はこれを名づけて、蓮如道中は「歩くサンガ」であると言われました。

御影道中のメンバーは、教導、供奉人、自主参加者から成り、その全体を宰領が統括します。そして表面には出ませんが、協力会のはたらきも大きいのです。協力会は、メンバーの一週間分の着替えの入ったボストンバッグやリュックをライトバンに積んで、次の宿泊所まで運んでくれます。時には食料を調達して中継地点で待機し、水分補給もさせてくれます。協力会も含めた道中全体が、蓮如上人を中心にした一つのサンガなのです。

歩く道場

御下向も御上洛も、道中七十数か所の寺院や民家に立ち寄りながら進みます。お立ち寄り会所にはその地域の寺族、門信徒が食事やお茶を用意して待ち受けます。そこで一緒にお勤めをし、御法話を聞きます。会所会所が、その時その時、聞法の道場になります。会所となる寺院も民家も、かつて上人が開かれた道場の跡です。追われて逃げ歩いたところどころが道場となり、そこにサンガが形成されていきました。

ロープを引いて歩く時、背後の同行に何度もかかとを踏まれては腹が立ちます。ぶら下がるなと注意されると自尊心を傷つけられます。疲れてくると石につまずいて転びます。坂道やぬかるみで滑ることもあります。そのような時は、蓮如上人のお供をしていることなど、まったく忘れ果てています。「蓮如上人、〇〇様宅にお着きー」という供奉人の声ではっと目が覚め、己の傲慢に気づかされます。そこで、如来の大悲心に遇うのです。そんな意味でも、御影道中は「道場」なのです。

聞法の道場

しかし、歩くだけでそこが道場になるわけではありません。歩くだけなら単なるウオーキング、物見遊山です。聞法あっての道場、「宗教的精神」あっての道場です。逆に「宗教的精神」さえあれば、どこでも道場になるのです。

洛東白川村、本郷浩々洞、大浜西方寺が清沢満之の道場でした。

大谷派なる宗門はいずれの所に存するか、京都六条の天に聳ゆる巍々たる両堂と全国各地に散在せる一万の堂宇とは、以て大谷派と為すべきか、曰く否。……然らば、かの三万の僧侶と百万の門徒とは、以て大谷派と為すべきか、曰く否。……大谷派なる宗門は大谷派なる宗教的精神の存するところに在り。

〔『清澤満之全集』（法藏館）第四巻、二九一～二九二頁〕

と、清沢先生は喝破されました。

釈尊も定住の寺院を持ちませんでした。一所不住の遊行の旅の行く先々で法話をされ、そこがそのまま道場になりました。それは山の上であったり、洞窟であったり、マンゴー林であったり、樹木の陰であったりしました。『ブッダ最後の旅』（岩波文庫）を読むと、そのことがよくわかります。

齢八十に達した釈尊は、生まれ故郷のルンビニーをめざして最後の旅に出ます。マガダ国霊鷲山からナーランダへ、パータリ村でガンジス河を渡りヴァッジ国に入ります。ヴェーサーリーでは娼婦アンバパーリーのマンゴー園に逗留した後、ペールヴァ村で雨季の安居に入ります。ここで一回目の発病、激痛に耐えながら「自灯明・法灯明」の教えを説かれます。さらに五つの村を経てマッラ国に入り、パーヴァー村へ。鍛冶工チュンダの差し出した食べ物で中毒を起こし、旅の途上クシナーラーの沙羅双樹の下で入滅します。「もろもろの事象は過ぎ去るものである。怠ることなく修行を完成なさい」〔『ブッダ最後の旅』（岩波文庫）、一五八頁〕。

これが、残された最後の言葉であったといいます。

内なる道場

私は、かつて本願寺修練舎（専修学院）が存亡の危機に瀕した時の信國淳先生の言葉を思い出します。

私どもは修練舎の奪還を云々して騒いでいるけれども、もはやとられることのない修練舎を、したがって又もはやとりかえす必要のない修練舎を、お互はしっかりと確保しようではないかという話をしました。そして、そういう修練舎を確保するということは、言いかえるなら私どもが、どんな生活の場所を与えられるにしても、それをこちらから修練舎にしていくという、仏道修行の場にしていくという、そういう主体を私どもが確立することを意味することだという話をしました。〔友人へのお手紙〕

我が内なる道場、すなわち求道心、そういう主体を自らの内に確保する。それによって我が身の赴く所、それがどのような場所であっても、そこを聞法の場に変えなしてゆく。この教えが、いつも私を、「開かれた世界」へと押し出してくれます。家庭も職場も国家も国際社会も、すべて聞法の道場になります。

真宗門徒の伝統には、あらゆる出来事を「お与え」として受け容れようとする反面、いかなる弾圧にも屈しない「反骨の精神」もあります。そういう意味で今回深く印象に残ったことの一つは、越前市武生円宮寺の歴史です。

円宮寺

円宮寺は千年の歴史をもっています。創建は平安時代で、一〇三四年（長元七）越前国南条郡大塩郷に大塩八幡宮の社院円奥寺として始まり、一四七二年（文明四）、蓮如上人に帰依して天台宗から浄土真宗に改宗したといいます。それから約百年後、織田信長による越前一向一揆攻めの時、円奥寺の住職了観は、府中（武生）方の一揆軍の大将として信長軍と戦いました。

山門の傍らに「一向一揆と円宮寺」と題する掲示板がありました。

天正三年（一五七五）八月十四日、織田信長は越前一向一揆を制圧するため十万余の大軍を敦賀に結集した。越前・加賀の門徒は結束して木ノ芽峠・鉢伏山など重要な地点に陣取った。円宮寺了観は府中方の大将として杉津口を守っていた。十五日怒濤のごとく押し寄せた信長軍によって三、四万人の門徒が無差別に殺され、府中の街（武生）は死骸で足の踏み場もなかったという。了観は河野村河内山中の岩窟に身を隠し一命をとりとめたが、了観の所在を白状しなかった三人の門徒は水責めで殺された。かくて念願の越前門徒の国は一年半にして滅亡し、本願寺は天正八年勅命講和に応じて石山本願寺を明け渡し、ついに約百年続いた「百姓ノ持タル国」は終わった。今日の我われは、苦悩多き乱世にあって仏法領の実現に多くの犠牲を払ってきた先人たちの志願を忘れてはならない。（平成六年五月、円宮寺創建千年を記念して）

反骨の精神

円宮寺住職了観と共に戦った門徒衆、了観をかくまい水責めで殺された三人、惨殺された三、四万の門徒衆、みな仏法に命を捧げたのでした。

「先人たちの志願を忘れてはならない」という掲示板の結びの言葉に、深く胸をうたれました。

死骸で足の踏み場もなかったという武生。太田教導の話によれば、英雄視されている信長の本質は実は残虐性にあり、伊勢長島の一向一揆を制圧した時も二万人を「根切り」にしたといいます。「根切り」とは、女性も子どもも皆殺しにして、子孫を絶やすことです。

越前一向一揆が制圧されてから五年後の一五八〇年（天正八）四月、大坂では顕如が勅命講和に応じ、十一年にわたる石山合戦が終結します。しかしその子教如は徹底抗戦を主張して譲らず、最後まで抵抗を続けました。信長の指名手配を受けて美濃、飛騨、越前にかけて山中を落ち延び、越前で了観にたすけられたのではないか、と太田氏は推測しています。

教如上人は、真宗大谷派の始祖です。もし上人が信長に捕えられていれば、今日の真宗大谷派はなかったかもしれません。教如上人はのちに円宮寺を訪れ、了観の持っていた聖徳太子像（上宮太子像）を拝まれたといいます。その時、円奥寺の「奥」の字を「宮」に変えたのが寺名の由来だというのです。この聖徳太子像は今では秘仏として扱われており、蓮如道中が立ち寄る五月三日、年に一回だけ開帳されています。もったいなくも、その聖徳太子尊像の前で、道中一行は雑魚寝の一夜を明かしました。

後になって気がついたことですが、当時大谷専修学院指導であった児玉暁洋先生は、一九六九年（昭和四四）六月から五年間にわたって円宮寺で講義をし、その講義録は住職の伊香間祐学氏によって一九七五年（昭和五〇）に『いのちを喚ぶ声』［人間と技術社］として出版されました。

五村別院

五月六日午後二時四十分、長浜五村別院《ごむらべついん》到着。教如上人終焉《しゅうえん》の地です。引退後の上人を湖北門徒衆がここに招いたといわれ、間口九間、奥行き七間の本堂は、国の重要文化財に指定されています。驚いたことに、直径一五メートルほどの巨大な土饅頭《どまんじゅう》が上人のお墓でした。境内には、背丈よりも高いこん棒を突いて天空を睨む銅像も立っていました。右手にこん棒、左手に笠、これはまるで「右手にコーラン、左手に剣」、イスラムのジハード（聖戦）を思わせる出立《いでたち》ではありませんか。出発前に再度お墓に詣でると、まるで風雲急を告げるかのように一天にわかに掻き曇り、稲妻が走りました。やはり教如上人は風雲児だったのです。間もなく道中は豪雨に見舞われました。北陸本線のガード下に一時避難して、合羽に着替えましたが、雨は間もなくやみました。御上洛中ただ一回のにわか雨でした。

教如上人は戦国乱世の一五五八年（永禄一）、顕如上人の長男として石山本願寺で生まれ、信長、秀吉、家康の天下人三人とわたりあったあげく、東本願寺を創立しました。真宗大谷派の開祖です。顔は一尺、身長六尺の、武将のような大男だったそうです〔上場顕雄『教如上人』（東本願寺出版部）」。
一五七〇年（元亀一）十三歳の時、信長とのバトルが始まりました。足かけ十一年にわたる石山合戦の末、一五八〇年四月、父顕如は朝廷の和議に応じて大坂を退去。この時、教如は義絶されながらも徹底抗戦を主張し、籠城して各地の門徒に檄文を送り続けました。しかし抗しきれず八月二日ついに撤退（その夜石山本願寺焼亡）、紀州雑賀《さいが》から大和、近江の湖東・湖北へ、越前大野から九頭竜湖、美濃白鳥方面へ逃れたといいます［同書］。その折、前述のように円宮寺了観が教如上人を助けたのではないかというのです。

反骨の系譜

承元《じょうげん》の法難（一二〇七年）や板敷山の法難を逆縁と受け止めた親鸞のように、興法あれば法難があり、法難あってこそ仏法興隆がある、と教如も思ったのではないでしょうか。逆縁興法、ピンチこそチャンス。

しかればすなわち、浄邦縁熟《じょうほうえんじゅく》して、調達《じょうだつ》、闍世《じゃせ》をして逆害を興ぜしむ
（とうとう浄土の教えを説く機縁が熟し、提婆達多は阿闍世に親殺しの逆害を起こさせるに至った）
［『教行信証』総序、聖典一四九頁。（ ）は筆者］

王舎城の悲劇も、浄土の教えが説かれる機縁が熟して、起こるべくして起こったことだ

と親鸞は理解しています。

承元の法難についても同じです。

主上臣下、法に背き義に違し、忿《いかり》を成し怨《うらみ》を結ぶ。（後鳥羽上皇とその臣下は仏法に背き正義に反して腹を立て怨みを結ぶに至った）これに因《よ》って、真宗興隆の大祖源空法師（法然上人）、ならびに門徒数輩《すはい》、罪科を考えず、猥《みだ》りがわしく死罪に坐《つみ》す。あるいは僧儀を改めて姓名を賜うて、遠流に処す。予はその一《ひとり》なり。

〔『教行信証』化身土・末、聖典三九八頁〕

『御伝鈔』によれば、親鸞はこの法難を、「師教の恩致《おんち》」（恩師法然上人の教えのおかげ）と受け止めています。いわく、

大師聖人　源空　もし流刑に処せられたまわずは、われまた配所に赴《おもむ》かんや、もしわれ配所におもむかずは、何によりてか辺鄙《へんぴ》の群類を化《け》せん、これ猶《なお》師教の恩致《おんち》なり。

〔『御伝鈔』聖典七二五頁〕

さらには加賀・越前をはじめとする一向一揆。明治期には清沢満之の宗門改革運動。近いところでは一九六九年（昭和四四）の開申事件。教団の危機こそが、真宗の真実を明らかにしてきたと言えるでしょう。反骨の精神は、一貫して真宗の歴史を貫いているのです。

住蓮坊古墳

二日後に例年のコースを少し外れて近江八幡市馬淵《まぶち》の住蓮坊古墳に立ち寄った時のことです。さわやかな緑の風が吹き渡る水田の中に小高い森があり、そこに承元の法難で斬首《ざんしゅ》された住蓮と安楽の墓がありました。古墳という言葉には少し違和感がありましたが、もともと古墳であった所に墓碑が建てられたもののようでした。

二人は、東山鹿ケ谷《ししがたに》で別時念仏の六時礼讃《ろくじらいさん》（昼夜六時に阿弥陀仏を礼拝讃嘆すること）の法会《ほうえ》を開いていました。後鳥羽上皇の熊野詣の留守中、これに参加した上皇の女官二人が出家。上皇は私憤に駆られ、旧仏教勢力の訴状もあって、遂に念仏停止の院宣を下します。これが承元の法難です。死罪四名、遠流八名、法然は土佐（実際は讃岐の塩飽島）へ、親鸞は越後へ流罪になりました。

住蓮はここ馬淵で処刑されます。首を洗ったという「首洗い池」も近くに残っています。安楽は六条河原で声高らかに念仏を称えながら斬首されましたが、後に住蓮と共にこの地に葬られたといいます。私は、かつて友人の荒木半次さんとこの地を訪れた時、それまで晴れていたのに急に雲行きが怪しくなり、首洗い池の傍らで激しいスコールに見舞われたことを思い出していました。この法難が、逆に真宗興隆の機縁となったことは、先に引用した『御伝鈔』のとおりです。

『歎異抄』も、原始真宗教団分裂の危機の中で書かれました。蓮如が書写本の末尾にこの法難の記録を収めたのも、教団の危機こそが興法のチャンスであると捉えたからではないでしょうか。

一二五七年（康元二）二月九日、八十五歳の親鸞は、五十年後のちょうどその日に夢を見て、「弥陀の本願信ずべし　本願信ずる人はみな　摂取不捨の利益にて　無上覚をばさとるなり」〔聖典五〇〇頁〕と和讃に記しました。生涯その日のことを忘れることはなかったのです。

（『崇信』第五八八号〈二〇一九年十二月〉収載）

3 近江から京都へ

三方よし

五月七日、湖北から湖東エリアに入り中山道を京へと向かいました。この辺りは近江商人の故郷です。近江商人は、大坂商人・伊勢商人と並ぶ日本三大商人の一角を成し、中世から近代にかけて活躍した近江出身の商人たちの総称です。彼らの活動の特色は、単独のものではなく、「講」というコミュニティーに基づいていたことだといわれます。遡ればそれは、蓮如上人の勧められた「寄合い」「談合」にまで行き着くのでしょう。

道中はやがて、伊藤忠兵衛記念館前にさしかかりました。言うまでもなく忠兵衛は、世界的総合商社伊藤忠・丸紅の創業者です。その旧邸が記念館として公開されているのです。「売り手よし、買い手よし、世間よし」。この三つの「よしの精神」が近江商人の商売の心得であると伝えられています。忠兵衛は、「商売は菩薩行、商売道の尊さは売り買いいずれも益し、世の不足をうずめ、御仏の心にかなうものである」〔伊藤忠商事会社情報。https://www.itochu.co.jp〕と言ったといいます。忠兵衛も念仏者であったのでしょうか。

草津の銭湯

五月八日、前日に引き続いて十二時間の長い行程。朝六時五十分寶満寺を出発、馬淵、金ケ森御坊を経て夕刻十九時草津に入り、傳久寺本堂に泊まりました。御上洛最後の宿坊です。

草津は東海道と中山道の合流点で、今も昔ながらのにぎわいが残っています。夕食後、みんなで繁華街に出て、銭湯で道中の汗を流しました。

番台に、九十過ぎと思われる背中の丸いお婆さんが座っていました。大人の入浴料は、三百七十円。五百円玉を出すと、二百三十円お釣りをくれます。百円返すと、「おおきに」という返事が返ってきました。次の客にも同じようなことをしています。その次の客はシャンプーと石鹼で千円札を出します。すると釣銭はまた二百三十円です。「三百七十円と五十円と五十円で四百七十円やろ」と言われています。すると、「そうかそうか」と不足分はここからかってに取んなはれといわんばかりに両手で小銭を掬い上げます。よく見ていると、常連客はそれを承知で勝手にお婆さんの掌にお金を置き、勝手に釣銭をもらっています。すべておまかせ。お婆さんの掌は融通無碍、仏さんの掌のように自在でありました。

なぜ歩く

宿坊に戻り、布団の中で御上洛の一週間を振り返っていました。吉崎を出てから福井、鯖江、武生を経、湯尾峠、栃ノ木峠、椿坂峠（トンネル）を越えて湖北に入りました。木之本宿の辺りから、道は北陸自動車道に沿って走り、近江を過ぎると、今度は東海道新幹線に沿って続いていました。

高速道路のかたわらを歩きながら考えました。自家用車なら三時間のところを、七泊八日かけて歩くのです。新幹線に沿って歩きながら、また考えました。「のぞみ」なら二八〇キロメートルは一時間です。上り下りの新幹線が矢のように飛んで行きます。ややや、ややややや。蓮如上人の時代ならいざ知らず、現代においてリヤカーを引いて御影を運ぶ意味はどこにあるのでしょうか。

蓮如上人のご苦労を偲び、蓮如上人と同時代性を生きる？　それは確かにあるかもしれません。しかし吉崎復興や世界遺産登録というのはどうでしょう。むしろ、「狭いニッポン、そんなに急いでどこへ行く」〔全国交通安全運動標語〕ぐらいのほうが適当かもしれないと思いました。

より速く、より便利に。効率、豊かさ、快適さを求めて、わたしたちは生き急いでいます。「ここ」ではない「どこか」を思い、「いま」ではない「いつか」をあてにして、わたしたちは生き急いでいるのです。いまだけ、ここだけ、自分だけ。そして死んだら終わり。ニヒリズムにかられ、エゴイズムに衝き動かされて、ひたすら享楽を貪っています。すっかり、足るを知ることを忘れてしまっているのです。

「いま」を生きる。その「いま」は、実は過去と未来を同時に含んだ「いま」です。「ここ」に生きるその「ここ」も実はほかのどこでもない「ここ」であり、同時に宇宙そのものです。身体という制約を持ったわたしは「ここ」にしか存在し得ないのです。その「ここ」の絶対現実。その絶対現実を「わたし」が生きる。ほかの誰でもない「わたし」。「わたし」は「いま」「ここ」に生きている。これが「わたし」の事実。これが「わたし」という現実存在。だから歩く。千里の道も一歩から、無限の宇宙も一歩から、突き抜けていつかはここに戻ります。一即一切、一切即一。その一歩の確かさを確かめるために、私は歩くのです。歩くことの意味をそのように確かめながら、眠りにつきました。三味線婆ちゃんの言葉を思いました。

「どこで死のうとたおれようと、そこがそのままお浄土や」

音叉

五月九日、御上洛最終日。朝七時に草津を出発し、瀬田の唐橋を渡って畿内に入りました。比叡山が目の前に迫っています。

響忍寺《こうにんじ》では、白いブラウス姿の合唱団が「山科の路」という仏教讃歌で御影をお迎えしてくださいました。蓮如上人を讃える歌で、私は特に三番目の歌詞が好きです。

あきないびともすなどりも
ひとしくともにへだてなく
おん同朋と手をとりて
明るきいのちあふれたる
ああ上人のあとぞこいしき

〔『仏教讃歌』Ⅰ（真宗大谷派合唱連盟）〕

ここでなされた太田教導の法話がまた、絶妙でした。

「浄土の説法は言葉ではなく響きです。ちょうど音叉を二つ並べて一方を鳴らし、もとの音叉を取り去っても、もう一つの音叉が同じ響きを奏で続けるように、心から心へ響きが伝わって行きます」。法義相続とはそのようなものだというのです。親鸞聖人の心の中には、二十九歳の時に体験した法然上人の音叉の響きが生涯鳴り響いていたのかもしれません。

小学生のころ音楽室で聞いた音叉の記憶がよみがえり、私には深くうなずけるものがありました。仏法は頭で理解できるものではありません。心に響くものなのです。響いてこそ伝わるのです。対象として静止しているのではなく、現に「いま」「ここ」「わたし」の心の内に鳴り響くダイナミックな生きものなのです。

山科別院

大津別院を経て道中最後の難所、逢坂関にさしかかりました。よいしょ、よいしょと掛け声を合わせて峠を登りきると、後はなだらかな下りとなり、その先が山科です。蓮如上人の御廟にお参りし、山科別院に入りました。

境内には大谷専修学院の校舎があり、私が二年間過ごした一心寮も残っていました。三階建ての一心寮の一番奥に別科生の部屋がありました。その廊下の窓から朝夕蓮如廟の樹叢を眺めました。寮にお風呂がないころで、毎晩御廟の前を通って、先生や寮生と一緒に銭湯に通いました。秋には、学院総出で御廟の周りの草刈りをしました。夕勤行は別院の本堂で行われ、朝の別院清掃も日課の一つでした。懐かしい先生方や学院生、大勢の人々に出迎えていただき旧交を温めました。

出遇いを求めて

御影道中のポスターには、「出遇いを求めて」と書かれています。道中さまざまな人にお会いしました。旧知の人もあり、行きずりの人もありました。水田耕作中トラクターのエンジンを停めて見送ってくれる方もいました。お一人お一人が、なぜか竹馬の友のように懐かしく思われました。

学校に勤めていたころ、職場の同僚に細呂木出身のTさんという女性がいました。細呂木は吉崎の隣村で、その地名は蓮如上人の『御文』にも出てきます。Tさんは学生時代に東京で御主人とめぐり合い、今は私と同じ土浦市内に住んでいます。細呂木の実家の前で、Tさんのお兄さん夫妻が一行を出迎えてくれました。見渡す限りの水田の向こうに北潟湖が広がっています。Tさんが幼いころ、小舟に乗って何度も吉崎まで通ったというその湖でした。「蓮如上人のおとおりー」という声が聞こえると、家族そろってお迎えに出たそうです。

五歳のころ空襲を避けて名古屋から現在のあわら市の母親の実家に疎開し、大学に入るまでこの地で暮らしました。お祖母さんはお念仏の中の日暮らしでした。身内のお通夜の晩には「白骨の御文」を聞き、朝夕仏壇の前に座ったので、いつの間にか「正信偈」も諳《そら》んじていたといいます。

同行のMさんは大分県出身、七年前に奥さんを失くしていました。奥さんは四十六歳の時の献血でC型肝炎に感染、二十年間の闘病の末この世を去りました。約束の二人旅は、遂に果たせませんでした。三回忌に四国八十八ヶ所をめぐり、七回忌の昨年は、遺影を胸にサンチアゴ・デ・コンポステーラというスペイン北部の巡礼の道を、三十日間かけて歩いたといいます。宿坊で写真を見せてもらいました。果てしない草原の中に一本の道が続いていています。フランス国境から五〇〇キロメートル歩いて聖ヤコブの教会にたどり着き、さらに足を延ばして、ユーラシア大陸の西の果てまで行ったというのです。その断崖で遺影と共に撮ったという一枚の写真に、深く胸を打たれました。今回も、奥さんと一緒に歩いているということでした。

アメリカ人のSさんは、私と同じ一九四三年の生まれでした。太平洋戦争の最中、日本人収容所で出生、強制送還されて十三歳まで横浜で過ごし、再びアメリカに戻りました。その間、アメリカでは日本人として差別を受け、日本ではアメリカ人として差別されたといいます。ボーイング社に勤務して、長い間、飛行機の開発に従事しました。イラク戦争で自分の研究が殺戮の武器になっていることを知り、会社を辞めて仏教を学び始めたというのです。

真宗本廟に着くと、「バラバラでいっしょ」と書かれた幟《のぼり》がはためいていました。それを見て、「われわれのことだね」とSさんが笑いました。

阿弥陀堂で御帰山式があり、互いに再会を誓って別れました。御影道中はこれからも続くでしょう。参加者それぞれに、それぞれの人生があり、それぞれの思いがあります。これからは、その差異を超えて「いっしょ」であると言える根拠を尋ねていきたいと思いました。


（『崇信』第五九一号〈二〇二〇年三月〉収載）

ウイルスの挑戦

危機に立つ人類

あっという間に新型コロナウイルスの感染が広まり、世界地図が赤く塗りつぶされていきました。二〇二〇年（令和二）四月八日現在、世界の感染者数は一四四万人を超え、死者も八万人を突破しました［厚生労働省ホームページ https://www.mhlw.go.jp/indexhtml（参照2020-04-08）］。武漢をはじめニューヨーク、ロンドン、パリ、ベルリンなどの主要都市は軒並みロックダウン（都市封鎖）に追い込まれ、イタリアは医療崩壊に陥っています。わが国でも昨日（四月七日）ついに「緊急事態宣言」が発出されました。

一九世紀のアメリカの作家アンブローズ・ビアスは、「平和とは、戦争と戦争との間のつかの間の休息である」［『悪魔の辞典』（ドーヴァー出版社）、筆者訳］と言いました。存亡の危機に直面しなければ、人類は手を結び合うことができないのでしょうか。しかしそのような危機が、今回ウイルスというかたちで音もなく迫ってきました。かつて経験したことのないこの脅威にどう対応するか？　いま、人類の在り方が問われ、試されているように思います。

自己防衛

ウイルスとの戦いから学ぶことはいろいろあります。まずは、自分を守るということについてです。危険がふりかかれば、われわれは反射的に身構えます。ふだんは支え合って生きていても、ひとたび極限状況に追い込まれると、犍陀多《かんだた》のように他人を蹴落としてでも自分が生き延びようとするのです。われわれはそういうあさましい根性の持ち主なのです。しかしコロナ下においては、それはもう通用しません。感染者がいれば、必ず自分も感染する可能性があります。また、新型コロナウイルスの真の恐ろしさは、感染していても発症しない場合があり、自覚症状のないまま無意識のうちに周囲にウイルスをまき散らし、クラスターを引き起こしてしまうことです。この場合は被害者ではなく、加害者になります。自と他はここでもつながっています。人間は縁起存在であり関係存在であるということを、改めて心に銘記しなければなりません。

ロックダウンや入国拒否についても同じことです。世界中のどこの都市や国家も、まずは自分を守ろうとします。相手が国籍不明のウイルスであっても、そこには黒々としたナショナリズムがうずくまっているのです。自我が拡大したものが家族愛であり、愛国心であり、民族主義です。ナショナリズムの核心はエゴイズムであることを知らねばなりません。

グローバル社会では、一国レベルでウイルスを抑え込んでも、もはや問題は解決しません。国民国家を超えた連帯が、いま求められているのだと思います。そのことがはっきりしたのも、ウイルスのおかげだと言えましょう。

ウイルスとの戦いは、ゴールのないマラソンのようなものです。世界は縦横無尽の縁でつながっています。或るものの存在に他の一切のものがかかわっているという縁起の事実は、過去現在未来を貫く宇宙の真理です。ワクチンの開発もさることながら、この縁起の事実に目覚め、この事実を受け容れなければ、新型コロナとの戦いは収まらないような気がします。

獅子身中の虫

報道によると、今回の新型コロナウイルスの感染は、アマゾンの奥地で原始的生活をするヤマノミ族にまで広がったといいます。その後ヤマノミがどうなったかはわかりませんが、医療体制の整っていないアマゾン地域では、伝染病で消滅する部族も少なくないということです〔NHK国際報道二〇二〇年五月六日〕。

パンデミックは、グローバル経済の落とし子でもあるといわれます。かつては風土病のように一地域に限定されていたものが、今はあっという間に地球全体に広がります。生物学者の福岡伸一氏によれば、ウイルスは進化の結果であり、高等生物の遺伝子の一部が外部に飛び出したものがその起源であるといいます〔福岡伸一の動的平衡（朝日新聞二〇二〇年四月三日)」。そういう意味では、新型コロナウイルスは、人類の獅子身中の虫とも言えるでしょう。

ウイルスとの共存

当初「ウイルスとの戦い」と言っていた人びとも、最近は「ウイルスとの共存」と言うようになりました。ワクチンが開発されても、ウイルスが地球上から姿を消すことはないといいます。いったん収束しても、この秋から冬にかけて第二波第三波が来ると専門家は予測しています。事実国内でも、七月に入り連日百人を超える新たな感染者が出ています。

三十年来人工透析を受けている友人は、「ウイルスも必死で生き延びようとしているんだ」と言います。感染者が亡くなれば、ウイルスも生きていけなくなる。宿主が死んでしまわないように、やがてウイルスのほうにも変異が起こり、そこで初めてウイルスと人間との共存が成り立つだろうというのです。

問われる連帯

ウイルスは、今さまざまなかたちで、われわれにその在りかたを問いかけています。その一つが、人類ははたして国民国家を超えて手を結び合うことができるのか？　という課題です。

結論を先に言うと、そのような日は遂に来ないのではないか、と私は思います。当初、民族や国家を超えた共通の敵が出現したことは、人類が一致団結する絶好の機会と思われました。しかし、かかる火の粉は払わねばなりません。まずはどの国も、入国拒否によって守りの体制に入りました。都市はロックダウンに陥り、空港は閉鎖され、物流も途絶えました。医療崩壊の危機に直面し、他国に手を差し伸べるような余裕はありませんでした。以前からの貿易摩擦もあり、やがてアメリカが「武漢ウイルス」と言って中国を批判すると、中国は「アメリカがウイルスを持ち込んだ」と言って応酬し、逆に対立が深まりました。WHOが中国の支配下にあるとしてアメリカは脱退を表明しました。米中が手を結び合うことはなく、世界は新しい冷戦の時代に入ったともいわれます。とても国家を超えた連帯どころではありません。自国第一という愛国心の闇が白日の下に晒されたかたちです。

分断と差別

そのアメリカで、二〇二〇年（令和二）五月三十日、白人警官による黒人男性圧殺事件が起こり、黒人差別に抗議するデモや暴動が広がりました。殺された黒人男性が、コロナに感染していたことも判明しました。黒人の多くは貧困層に属し、医療も満足に受けられないという格差社会の実態が明らかになりました。人種別に見ると、黒人やヒスパニック系の死亡率は白人の二倍になるといいます〔朝日新聞二〇二〇年六月八日記事〕。

一方、中国でも、五月二十八日、香港の自由を制限する国家安全維持法が制定され、抗議デモが繰り返されました。この二つの国で、デモの制圧のために、トランプ氏も習近平氏も軍隊の出動を示唆しました。自国民に銃口を向けようとしたのです。

ところでわたしたちはどうだったでしょうか。当初、トイレットペーパーがなくなるというデマが飛び交い、あっという間にスーパーから姿を消しました。続いてマスクや消毒薬の買い占めが始まりました。「緊急事態宣言」が発出されると、人びとはそれに基づく「正義」を振りかざすようになり、いたるところで社会の分断と差別が生まれました。

休業や営業自粛によって企業の経営は行き詰まり、派遣社員や外国人技能実習生は早いうちから解雇されました。

医師や看護師は感染の危険を冒しながら前線に立ちました。その犠牲的精神が脚光を浴びる反面、本人やその家族への偏見もあちこちで見られました。感染者を受け入れた病院では受診者が減少し、死者が出ると、葬儀を引き受ける葬儀社を探すのにも一苦労するようになりました。

四国の小さな村に感染者が出た時は、「誰がコロナだ」と開示請求が相次いだといいます。長距離トラック運転手の子どもは学校から自宅待機を求められ、クラスターの発生した大学には、「火をつけるぞ」という脅迫電話までかかりました。

外出自粛の要請に並行して、欧米諸国では早いうちからＤＶ（家庭内暴力）の問題が起きました。個人主義の徹底した欧米のことと思っていましたが、やがて日本でも大きな問題となりました。虐待が増え、家庭に居場所のない子どもたちは行き場を失いました。

人びとの連帯が求められる中で、逆に差別、対立が激しくなり、国家や地域社会のエゴイズムが露呈されることになったのです。のみならず、われわれ自身のどうしようもない自我が暴かれることになりました。これが現実なのだと思います。ふだん隠れていたものが、ウイルスの挑戦を受けて顕《あらわ》になったのです。

仏道は内道

誰《た》が統《す》ぶやこの荒涼の春の惨

二〇一一年、東日本大震災の中で友人Ｋが詠んだ一句です。今回そのＫから、「このような時、仏教はどう対応するのか？」というメールが届きました。

かつて、「餓死するアフリカの子どもの前で文学は何の役にたつか」と発言したというサルトルや、先日アフガニスタンで横死した中村哲さんの姿が脳裏をよぎりました。

「仏道は外道《げどう》ではなく内道《ないどう》である」という返信を送ったのは、それから一週間後のことです。外道とは、苦悩の原因を外に求め、外的条件（医療や経済など）を整備することによって問題を解決しようとする道という意味です。これに対して内道とは、自己を問い、苦の原因を自らの内に求め、自我意識の虚妄性に目覚めることによって苦から解放されていく道です。

誤解を避けるためにあえて言うならば、決してウイルスの感染拡大に手をこまねいていればよいというのではありません。医療体制や経済条件はできるだけ早く整備されたほうがよいでしょう。ワクチンや治療薬の開発も喫緊の課題です。しかし、いかに医療を尽くしても、経済条件を整えても、人間は遂に死をまぬかれることはできません。生まれたから死ぬのです。縁によって生まれ、縁によって死ぬのです。縁起の法則の中で、縁起の法則に則って生まれかつ死ぬのです。それは、事故の場合も、疫病の場合も、老衰の場合も同じです。

貧しき村での托鉢（釈尊）

毎田仏教センター（米国バークレイ）の羽田信生先生に伺った話です。

或る時、外道の一人が釈尊に挑戦して問いかけたといいます。

「あなたは貧しい村にまで入って行って法を説き乞食をされているそうですが、そんなことはおやめになって、この岩をあなたの神通力でお金に変えて施しをしたらどうですか?」

すると、釈尊は次のように答えました。

「いや、この岩どころかヒマラヤ全体をお金に変えて施しても、一人の人間の欲望を満足させることはできないでしょう。人間の欲望にはきりがありません。欲望を満足させることで人間が救われるということはないのです。人間は、その愚かさに気づく知恵をいただくことによってのみ救われるのです」と。

〔『海雲』(明悠会)一三九号、抜粋〕

「三部経」千回読誦(親鸞)

恵信尼消息は、親鸞が社会問題にどのように対処したかを伝えています。

親鸞は一二一四年(建保二)四十二歳の時、「さぬき」(現在の群馬県邑楽郡板倉町)で衆生利益のために「三部経」千回読誦を発願し、やがて中止して常陸に入りました。一二三一年(寛喜三)五十九歳の時には、風邪をひき高熱の中で再び『大経』を読み始め、十七年前の「さぬき」の一件を思い出して、自力の執心がまだ残っていたことに気づき、「まはさてあらん」と言って読誦をやめたといいます。

平雅之氏によれば、「まはさてあらん」とは、今はさてあらん、これからはこうしようと、何かを決心した言葉だといいます［『まはさてあらん』真宗大谷派金沢教区教化委員会］。

称名念仏は、善導から法然、親鸞へと受け継がれた正定業《しょうじょうごう》（正しく往生の因と定められた行業）であり、読誦（経典を読経すること）、観察（浄土を心に観じること）、礼拝（阿弥陀仏を礼拝すること）、讃嘆供養（阿弥陀仏を讃嘆供養すること）等の助業《じょごう》とは明確に区別されます。そのことは、親鸞も十分知っていたはずです。にもかかわらず読誦をやめられなかったのは、目の前で飢死してゆく農民の姿にいたたまれない思いを抱いたからにちがいありません。平雅之氏によれば、建保二年は干ばつ、寛喜三年は、前年六月に雪が降り冷害のため大飢饉となった年です。旧暦の六月は、太陽暦にすると七月下旬で、美濃・信濃・武蔵国では、夏だというのに六センチメートルから一メートルもの雪が降ったといいます。当時の京都の貴族の日記には、「餓死の死人道路に充満する」と記されているそうです［同書］。疫病も流行したそうですから、親鸞の出した高熱も、あるいはウイルスによるものだったのかもしれません。

報謝の念仏

しかし親鸞は、その衆生利益のための経典読誦を以後きっぱりとやめ、報謝の念仏に徹せられました。そして一二六〇年（文応一）八十八歳の最後のお手紙には、「なによりも、こぞことし、老若男女多くの人々の死に合いて候うらんことこそ、あわれにそうらえ。ただし、生死無常のことわり、くわしく如来のときおかせおわしましてそうろううえは、おどろきおぼしめすべからず」〔『末燈鈔』六、聖典六〇三頁〕と述べ、続いて「浄土宗のひとは愚者になりて往生す」という法然上人のお言葉を記されています。

ウイルスの挑戦は、われわれに、国民国家を超え自他を超えた連帯を求めました。しかしこの期に及んでも、なお自我意識に囚われ迷い続けるわれわれの姿を、仏智は「救いようのない愚者」として余すところなく照らし出します。その「救われざる者」の自覚と懺悔こそが、唯一の「救いの道」であることを、真宗は指し示しているように思われてなりません。

（『崇信』第五九七号〈二〇二〇年九月〉収載）

参考文献

『真宗聖典』　東本願寺出版部　一九七八年発行
『定本親鸞聖人全集』　法藏館　一九七九年発行
『岩波仏教辞典』　岩波書店　一九八九年発行　第二版第四刷
中村元『仏教語大辞典』　東京書籍　一九七五年発行　第二版
『ブッダのことば』中村元訳　岩波文庫　一九六七年発行　第一一刷
『ブッダ最後の旅』中村元訳　岩波文庫　二〇〇六年発行　第三七刷
『お育てにあずかる』　慈光学舎　二〇〇九年発行
日本詩人全集8『石川啄木』　新潮社　一九七〇年発行　第四刷
「世界の名著」13『キケロ　エピクテトス　マルクス・アウレリウス』　中央公論社　一九六八年
発行　初版
V・E・フランクル『夜と霧』　みすず書房　一九六六年発行　第九刷
カール・ロージァズ『ロージァズ全集』　岩崎学術出版　一九七〇年発行　第五刷
カール・ヤスパース『精神病理学総論』　岩波書店　一九五六年発行

『崇信』第五二六号　崇信学舎　二〇一四年一〇月発行
林暁宇『降る雪さえもあったかい』　具足舎　二〇〇六年発行
竹部勝之進『はだか』法藏館　一九七九年発行　第一刷
信國淳『呼応の教育』　樹心社　二〇〇五年発行
信國淳『いのち、みな生きらるべし』　樹心社　二〇〇五年発行
小田正治『真実に生きる』上・下巻　文栄堂　一九九九年発行
道元『正法眼蔵』「生死」（大正新脩大蔵経）　一九九二年発行
深田久弥『日本百名山』　新潮社　一九九一年発行　第六刷
鈴木大拙『鈴木大拙全集』　岩波書店　第一一巻　一九八一年発行　第二刷
アルベール・カミュ『シジフォスの神話』　新潮文庫　一九六三年発行　第五刷
『清澤満之全集』　法藏館　一九六八年発行　第二刷
太田浩史『御影道中御上洛記』私家版　二〇二〇年発行
上場顕雄『教如上人』　東本願寺出版部　二〇一四年発行　第四刷
宮城顗『生と死』　東本願寺出版部　二〇一五年発行
児玉暁洋『〝いのち〟を喚ぶ声』　人間と技術社　一九七五年発行
『かざはな通信』三四号　真宗大谷派勝福寺　二〇一五年発行
AMBROSE BIERS “THE DEVIL'S DICTIONARY” Dover Publications 一九五八年発行

『海雲』第一三九号　明悠会　二〇一八年五月発行
平雅行講述『まはさてあらん』真宗大谷派金沢教区教化委員会　二〇二〇年発行

あとがき

久しぶりに会った友人が、「このごろ何かおかしい」という。体調を崩したのかと思って聞いてみると、そうではなくて「何をしてもつまらない」というのでした。

大手流通企業に勤務し、ばりばりの営業マンとして活躍していた友人は、退職後は世界遺産を訪ねたり趣味の歴史講座を受けたりして、充実した余生を送っているように見えました。

二年後には戦後八十年を迎えます。わたしたちは、終戦直後の食糧難の中でひもじい少年時代を過ごしました。高度経済成長期には休む間もなく働き、今、飽食の時代の中で人生の終わりを迎えようとしています。

両親や祖父母のように戦争に巻き込まれることもありませんでした。平和の中で自由と豊かさを享受して生きてきました。にもかかわらず、何かおかしく、どこかに虚しさを抱えているのです。

それは、「にもかかわらず」というより、あるいはその自由と豊かさの「中でこそ」、本質的なものが顕《あらわ》になってきているのかもしれません。政治的にも経済的にも自由になり、あらゆる束縛から解放されたはずのわたしたちが、すっかり自分自身を持て余してしまっているのです。

釈迦族の王子であったゴータマ・シッダールタは、五欲をほしいままにしながら「見老病死悟世非常」（老病死を見て世の常なきを悟った）といいます。世親は「観仏本願力遇無空過者」（仏の本願力を観ずるに遇《もうあ》いて空しく過ぐるものなし）と述べ、親鸞はこれを「本願力にあいぬればむなしくすぐるひとぞなき」とうたいました。

聖徳太子の御持言は「世間虚仮唯仏是真」（世間は仮のものであり、仏の世界のみが真実である）でした。「空過」（空しく過ぎてゆく人生）は、釈尊以来、一貫して仏教が課題としてきた問題でもありました。

友人は今、死を前にして、空過する人生に直面しているのです。そしてそれは、実は虚しさを抱えて生きてきたわたし自身の問題でもあるのです。

わたしたちは、生まれた瞬間から死に向かって歩きだします。「死への存在」、この存在構造が「生きて在る虚しさ」の根底にあるのではないでしょうか。

生まれて間もなく消えてゆく命があり、十九歳で断たれる命があり、喜寿米寿を越えて百歳まで生きる命もあります。しかし遅かれ早かれ、生まれた者は必ず死んでゆきます。そこに虚しさが残ります。

親鸞は十九歳の時、磯長の聖徳太子廟で「余命十年」の夢告を受けました。死の問題は切実であったと思われます。二十九歳で山を下りて六角堂に参籠、法然の門をたたきました。百日間、雨の日も風の日も通い続け問い続けた親鸞に、法然はひたすら「生死出ずべきみち」を説いたと「恵信尼消息」は伝えています〔聖典六一六頁〕。

一二二四年（元仁二）、五十二歳の親鸞は稲田の草庵で主著『顕浄土真実教行証文類』の草稿を書き上げたといわれます。「浄土の真実」を顕す「教」と「行」と「証」、それが親鸞にとっての「生死出ずべきみち」でありました。そして、それはそのまま、現代に生きるわたしたちの「虚しさを超える道」でもあるのではないでしょうか。

本年二〇二三年（令和五）は親鸞生誕八五〇年、立教開宗八〇〇年にあたります。この記念すべき年に仏恩報謝の記として本書を公にできることは、わたくしの何よりの喜びとするところです。

二〇二三年七月二十一日

川島弘之

川島弘之（かわしま　ひろゆき）

1943年、水戸市に生まれる。
1967年、茨城大学文理学部文学科（哲学専攻）卒業。
茨城県内の公立・私立高校に勤務。「倫理社会」担当。
出雲路暢良・信國淳先生に遇い、仏法を学ぶ。
2012年、大谷専修学院別科卒業。
真宗大谷派報佛寺衆徒。
茨城歎異抄の会代表。
いぶき舎主宰。

合掌の道
——現代の課題に問われつつ
「蓮如上人御影道中」を歩く——

二〇二三年九月一五日　初版第一刷発行

著　者　川島弘之
発行者　西村明高
発行所　株式会社　法藏館
京都市下京区正面通烏丸東入
郵便番号　六〇〇-八一五三
電話　〇七五-三四三-〇〇三〇（編集）
〇七五-三四三-五六五六（営業）

装幀　山崎　登
印刷・製本　亜細亜印刷株式会社

ISBN 978-4-8318-8799-3 C0015